实用文案 与 活动策划

金 岩◎编著

撰写技巧及实例全书

中华工商联合出版社

图书在版编目（CIP）数据

实用文案与活动策划撰写技巧及实例全书／金岩编著. —北京：中华工商联合出版社，2014.7

ISBN 978-7-5158-0993-9

I. ①实… II. ①金… III. ①市场营销学－文书－写作 IV. ①F713.50②H152.3

中国版本图书馆CIP数据核字（2014）第151361号

实用文案与活动策划撰写技巧及实例全书

编　者：	金　岩
责任编辑：	胡小英　邵桃炜
装帧设计：	润和佳艺
责任审读：	郭敬梅
责任印制：	迈致红
出版发行：	中华工商联合出版社有限责任公司
印　刷：	衡水泰源印刷有限公司
版　次：	2014年9月第1版
印　次：	2019年2月第12次印刷
开　本：	710mm×1020mm　　1/16
字　数：	350千字
印　张：	16
书　号：	ISBN 978-7-5158-0993-9
定　价：	45.00元

服务热线：010-58301130
销售热线：010-58302813
地址邮编：北京市西城区西环广场A座
　　　　　19－20层，100044
http://www.chgslcbs.cn
E-mail：cicap1202@sina.com（营销中心）
E-mail：gslzbs@sina.com（总编室）

工商联版图书
版权所有　侵权必究

凡本社图书出现印装质量问题，
请与印务部联系。

联系电话：010-58302915

　　优秀的策划人员，首先是一个战略家——具有高瞻远瞩的胆识和气魄，在战略运筹中能把握全局；其次是一个战术家，能够在激烈的商战中匠心独运，出奇制胜，通过精心的文案策划和良好的活动运作把握机遇；同时还要是一个实干家，善于把宏伟的文案策划、完美的构思落到实处，形成现实生产力。

　　任何活动要取得预计成效，都需要事先做好充分的文案与策划。没有缜密和富有创意的文案与策划，任何执行都将变得盲目无序。精彩的文案与策划是企业的核心和灵魂，是在企业参与市场竞争过程中，对企业内外部环境予以准确的分析并有效地运用经营资源的基础上，对一定时间内企业营销活动的行为方针、目标、战略以及实施方案与具体行动做出的精心设计和计划。文案策划是企业竞争的利器，写好文案的重要性不言而喻。

　　本书通过敏锐的观察和独特的视角，不仅向你展现了一幅如何写好文案的蓝图，为你提供实用的建议和手把手的操作方法，内容涉及实用文案和活动策划的方方面面：如何选择最佳场所、如何准备和控制预算、如何制作工作日程和配备人员等，汇集的大量的文案策划技巧和案例，可以使你避免因犯错而付出高昂的代价；而且在内涵上也扩展了文案策划的应用范围，吸收了社会公共项目、学术活动、专题事件、政府公关等事务的相关内容。所列的策划文案内容、种类、格式全面，紧密围绕有策划需要的各项工作展开，从策划的基本理念到文案的结构与章法、语言表达与文本形式，全面涵盖了策划文案及写作的各个主要环节。格式范本与实用范例紧密结合，可以在程序步骤上为读者提供多方面的借鉴。

　　本书是一本做好活动策划的案头工具书，又是一本详细实用的从业必备手册，能为文案的撰写及活动实施提供有益的指导。

引言 文案策划综述

实用文案与活动策划的重要性

实用文案有两层含义：一是为产品写下的能打动消费者内心甚至打开消费者钱包的文字；二是专门创作广告文字的工作者，简称文案。实用文案是宣传产品的一种表现形式。在宣传产品过程中，文案与图案同等重要，图案具有直接的感官效果，文案具有较深的影响力。文案写作要求从业者有较强的思维能力和应用写作能力。广义的广告文案是指广告作品的全部内容，不仅包括语言文字部分，还包括图画音效等部分。消费者通过广告文案来认识企业、产品和服务，产生情绪对应，对是否接受某种服务形成选择意向。文案这个"代言人"所说的话内容如何，将在很大程度上决定受众能否得到真实准确的信息，能否产生符合真实状态的对应情绪，能否产生正确的消费意向。

"文案是坐在打字机后面的销售家。"朱迪斯查尔斯传播公司的总裁查尔斯如是说。这是对文案工作恰如其分的定义。文案工作中最容易犯的错误，是将自己当成普通人去判断文案好坏，这样会导致你的方案最终成为一个艺术品而不是促成销售的"代言人"，而这样的文案将浪费客户的时间和金钱。

当普通人们谈论广告，他们总是谈论广告是多么有趣，多么娱乐人，多么不同寻常，或者多么过分，他往往说"我们喜欢那个广告"。但广告的目标并不仅仅是让人喜欢广告本身——它得卖东西。广告商，如果他足够聪明的话，才不去管人们是否喜欢他的广告或被广告取悦还是激怒。传播的最终目的无非是为了增加广告商的销售额和利润。

　　这是显而易见的事情，但很多专业的文案和广告人看上去总是会忽略这一点。他们做了大量的艺术稿、魅力十足的小册子，或是艺术感足以和最好的电影大片媲美的电视广告。这些从业者忘掉了广告的目标——增进销售——事实上他们应该做"打字机后面的销售家"，而不是文学家，不是艺术家，也不是电影家。事实上，一个广告好看和取悦人并不代表它能说服人们购买产品。有时候，写得简单和直截了当并且没有强迫感的低成本广告，反而可以极大地促进销售。

　　策划是立足现实，以创意取胜的科学程序，通过这种程序预测事物的发展趋势，捕捉机遇，整合各种资源，制定可实施的最优化方案，以有效地达到所设定的目标。这是一个对市场信息进行管理、运作、技巧处理或操纵的过程；对市场进行计划、酝酿、决策并运用谋略的过程；是一项系统性工作，有自己独特的运作模式。

　　需要特别注意的是，策划绝不只是点子、创意、想法，这只是策划的一小部分，策划学是专门研究策划的一门独立学科。策划学中需要运用新闻、广告、营销、公关、谋略等手段，但又并不只是这些理论的简单相加或综合，而是对这些理论进行整合、创新、再提高，具体实践中，策划工作的内容主要是负责企业形象的树立、宣传、维护、提升。

　　活动策划是个人、企业、组织机构为达到一定的目的，在充分调查市场环境及相关联因素的基础上，遵循一定的方法或规则对未来即将发生的事情进行系统、周密、科学地预测，并制定可行的方案。活动策划在企业运营中极为重要。好的活动策划具有五大优势。

　　第一，活动策划可以降低成本，又能彰显效果。传统的广告宣传形式已经进入稳定期，广告宣传费用也越来越透明，价格折扣余地很小，企业通过传统的广告宣传动辄需要成百上千万元的广告费。与此相比，一次促销活动的成本远低于广告费用，又能够很快取得效果，同时还更直接地接触到消费者，能及时获得市场反馈。

　　第二，活动策划的内容具备多次宣传的可能性。一个好的活动策划可以进行二次传播，所谓"二次传播"，就是一个活动发布出来后，其他媒体纷纷转载，活动策划的影响被延时和扩大了。但是，我们绝对看不到一个广告因为设计得好而被其他媒体转载。

　　第三，活动策划能够获得知名度。活动策划往往是围绕某个主题展开的，这种主题大多是有关环保、节能等贴近百姓生活，能够获得广大消费者美誉度的正向主题。通过这些主题活动的开展，能最大限度地树立起品牌形象，使消费者不单从产品中获得了使用价值，更能从中获得精神层面的满足与喜悦。广告宣传特别是公益广告的宣传也能够取得公关效应，但远不能与活动策划带来的实效性和立体性相比。

第四，活动策划能有效体现消费者的需求。广告本身所具有的属性，决定了它不能采取全面陈述的方式来表现产品或主题，但是通过活动策划，可以把客户需要表达的东西说得明明白白，把企业要传达的目标信息传播得更准确、更全面、更详尽。

第五，活动策划具有及时性和互动性。一个好的活动策划一定会注重受众的参与性及互动性。有些活动策划会把公益性也引入到活动中来，这样既与媒体一贯的公信力相符合，又能够激发品牌在群众中的美誉度。有些活动本身就具有一定的新闻价值，能够在第一时间传播出去，引起公众的注意，与公众及时发生互动。

好文案的角色定位

对于实用文案的写作，没有相关的体验，就难以领会文案写作的基本要领；如果没有对商务应用文体的写作规律性、对阅读对象接受心理及商务策划解决问题方式的理解，就无法把握商务文案写作的各种要求。

要写出好的实用文案就要亲自实践。缺乏实践，写作很空洞，很枯燥，无法吸引读者阅读，无法打动读者，获得认同。同时，写作还需要相当的理解力。许多人并没有实际的生活体验，依靠自己的想象力和理解力，也可以虚构地完成非常不错的方案作品。因此，实践和理解，是写出好文案的基本功。

做文案一定要清楚自己的工作职责。文案写作的关键是明白自己应该写什么。文案是在充分了解产品和企业的情况下帮助客户完成目标的写作，因此在写作过程中应注意把握以下几点：

1. 在帮助企业完成目标的同时，可以用文字的形式提出一些建设性的意见，从而更好地助力企业发现卖点。

2. 在遇到矛盾和冲突的时候，要及时与相关工作人员进行交流，保证方案实施的正确性。

3. 必须以清晰明确、言简意赅的表达方式将工作思路体现在文字上。

4. 必须了解企业整体的发展方向，充分了解企业的基本情况，包括宏观市场信息和微观市场动态。

文案写作不是一般的工作，而是综合判断力、创造力、分析力和执行力的一场智慧游戏。对于文案写作者来说，这既是挑战，也是诱惑。我们在饱含热情的状态下完成一个繁复工作的同时，自己的能力也获得了进一步的提升。

做文案，一定要多交流多沟通，文案和设计乃至市场、企划、媒体等各部门工作人员都应随时保持高效的沟通。因为文案工作是将市场的调查分析结果作为其创作的真实依据，将企业的核心思想作为其创作的指引方向，将媒体投放的渠道作为其创作的特定模式，将设计排版作为其创作的具体表现，因此，每一个环节都是动态地联系着的。在做文案之前，要与各部门广泛沟通，做到互爱互助，才能在一个凝聚力超强的团队中展现出自己独特的个性和才华。

好文案，要懂得挖掘客户的需求。我们的客户都是各行业中的专家，我们的角色定位在于如何为这些专家提供有实践价值的营销参考，并加以贯彻执行，所以深入理解客户的需求是十分重要的。在理解客户需求的过程中，需要解决以下几个关键问题：

1. 客户的某些想法是否正确？

2. 客户的观点如何在文案中表达？

3. 是否根据客户观点调整方向？

4. 客户的建议哪些是可以采纳的，哪些是不可取的？

5. 客户的需求点有科学依据吗？

解决了这些问题，虽不敢保证这样的文案一定是令客户满意、又能起到效果的好文案，但至少能在客户挑剔的目光下获得较大的生存空间。

做方案，要了解宏观的市场状况。没有正确的市场导向，任何文案或创意都是天马行空的奇思怪想。的确，再优美的文字用在不适宜的场合中都可能导致整个文案执行的失败，一个优秀的文案，一定是在对市场有深入了解后方能下笔的。

可见，无市场，文案便如枯井之蛙，这样的作品不仅缺乏远见，生命力也极弱。

做方案，要在工作中不断地提升自己、完善自己，不断提升自己各方面的素质，才能应对市场的瞬息万变。具体应从以下几点入手：

1. 在写任何实用文案的时候，把自己当作该项目的目标消费群体，亲身体验项目的每一个细节，并将其和目标消费群体的生活习惯及消费特征、消费心理等加以联系。做到深入消费者的内心世界，扩展自己的心理视野。

2. 经常参加一些行业内的活动会议，通过多种渠道收集相关信息，在增强专业知识的基础上，加强自己的市场嗅觉。

3. 善于读书，不断丰富多方面知识，使作品具备一定的深度和广度。

4. 要善于运用多种写作技巧及文本格式，通过比较他人成功或失败的文案作品，逐步提升自己的写作水平。

5. 多参加文化交流会、艺术博览会，在任何与艺术相关的地方驻足停留，于潜移默化中提高自己的艺术鉴赏力。

6. 养成多观察善总结的习惯，将瞬间的灵感记录下来，通过日积月累、提炼精萃来增强自己的创意能力。

要写出一篇打动人心的好文案，必须用不同的心境体验每一类人的共性之处。他们的生活习惯、居住环境、消费行为、文化观念、喜恶偏好等，都是我们写作的备用素材；重要的是分析哪些素材写出来最易引起他们的共鸣，哪些文字能吐露出他们的心声。只有将这些闪光点聚集起来，才有可能将项目自身的特色以最亲切自然的方式展现在他们面前，从而达到营销传播效果最大化。

好的创意是文案的价值所在。但造就一个好创意，却是一个否定、否定、再否定的过程。一个想法在脑海中灵光乍现时，只能说它是一个好点子，还不能称之为"创意"。把这个点子放到项目中去检验一下，便会发现它并不一定完全适用。怎么办？答案很简单：如果这个想法经过改良能体现项目的核心策略，那就预留；如果改良的希望不大，那就推倒重来。这是一个部分否定或全盘否定的过程，也是每一个文案必须经历的过程。

每一项工作结束后必须作一次阶段回顾和小结。具体内容包括分析市场上的反馈信息，总结文案中的成败之处，以及今后如何加以改进等，从而保证每一个文案都能有新的突破和进展。

好策划的基本职责

随着社会透明度的不断提高，新闻资源共享性也随之提高，独享新闻资源已变得越来越不可能。在这样一种态势下，新闻媒体间的竞争也自然地由独享资源领域进入到共享资源竞争领域，更多地看谁能有效利用和挖掘有限的共享资源，从而变共享为"独享"。于是，策划制胜的全新新闻理念悄然流行起来。

何为策划？实现特定的目标，提出新颖的思路对策即创意，并注意利用信息，制定出具体实施方案的思维及创意过程。

"凡事预则立，不预则废"，有创新才有发展。策划更是如此，不仅要有周密的总方案、实施计划，而且要有创新、创奇、创第一的新创意。策划的特点是富有传播性，没有创新的活动策划就不具备良好的传播性，也就不是真正的活动策划。好策划的基本职责包括：

1. 把策划工作会议作为企业例会，协同相关部门推进公司的营销运营。

2. 敏锐感知市场变化和需求，为公司发展提出策略思路，协助业务扩展。

3. 策划部门内部团队、业务整合到位，各项工作有序开展，绩效达到预期目标。

4. 具有良好的客户沟通协调、计划、谈判技巧，能够把握项目进程与流程控制。

5. 善于询问他人的想法，提出策划意见。

6. 能够组建策划团队，协同外部相关团队共同完成品牌及其产品策划指标。

7. 在策划前深入实践，负责项目开发各阶段的策划与市场调研工作，完成各类策划案和推广方案。

8. 参与并执行公司的阶段发展目标，针对公司目标做好执行策略的制定，组织协调资源，确保目标完成。

9. 负责对策划部人员进行素质提升培训和业务指导；具备良好的团队激励能力、良好的组织协调能力和综合管理能力。

一名杰出的策划总监，必须能够把自己的一些优秀创意、独特构想，从宏观上予以整理、加工、修改，并巧妙地融入到公司的计划中，使每个人都支持这个策划方案。作为企业策划工作的领导者，策划总监的主要职责是确定策划目标，建立组织规范，选人用人励人，调研预测决策和检查监督控制。成为一名杰出的策划总监需要具备丰富的知识、较高的素质和较强的能力。概括而言，好的活动策划一般应做到以下三点：

1. 注重活动策划的宣传性。分阶段的营销宣传确定了活动的排期后，就应该马上考虑针对活动的新闻点提炼和广告创意。在此阶段，除了创意很重要以外，前期媒介传播的投放也是值得重视的环节。一次活动的广告投放包括预热期、沸腾期和保温期三个阶段，其中预热期主要以新闻做好铺垫，辅以打出硬广告。大部分新闻策划在前期新闻宣传的同时，应开通网上宣传阵地（可与商业网站或新闻网站合作）；进入沸腾期，除了搞好活动现场的新闻宣传和新闻背后的宣传外，有条件的可增加硬广告的投放密度；在保温期，要以后续的新闻报道为本次活动作总体回顾与点评。

2. 活动策划最好有一定的灵活性。受时代背景、人员和天气等因素的影响，大型活动策划应该是具有一定柔性空间的执行方案，也就是说在执行时我们的策划方案应具有一定的弹性，而不拘泥于文本上的条条框框。因为，每一次活动在客观上都可能遇到时势背景的影响、人员的变更、天气的变化以及其他一些或人为的或不可抗力等突发因素的影响，所以在策划之初必须考虑周全，预备不同情况下的备选方案，为活动执行预留一定的选择空间。

3. 明确活动策划的各种要素。包括可操作性分析、经济效益和社会效益分析。一次具有轰动效应的大规模活动，往往是从一些不起眼的创意点逐步发散思维、放大累积而成的。这些创意点主要来自参与项目策划的文案和策划会，有时也来自媒介记者、行业资讯的延伸。在与公众或其他消费者的接触中，可以了解到最新的市场需求信号，然后及时反馈到项目组，对这些信息进行梳理、筛选；再将备选方案呈部门领导审核，方案（此时通常是草案）通过后再进行细化，最后形成完备的可执行策划文本。遴选点子的标准包括活动的可操作性分析、经济效益和社会效益分析，三者必须兼顾，才能确保活动的实际意义与成功系数。某些创意点可能非常富有新意，也能带来一定的经济和社会效益，但操作难度太大，需要动用太多的人力，可能因为时机不成熟，也可能因为存在企业和相关组织的资源相差太远等各种客观因素，也只能停留在创意阶段了。

文案写作者的素质与能力

实用文案，不论是电子格式的，还是文本形式的，都是在一定语言环境中适当的语言和文字表达。表达是否顺畅、是否准确，不但体现了文案写作者的思维能力、材料组织能力，也体现了文案写作者的文字表达能力。下面具体谈谈文案写作者的素质与能力：

一、文字表达要精准

很难想象，一份文字表达不准确的实用文案能获得阅读对象的认可，文字表达的准确是实用文案的第一要求。因此，实用文案的写作者最基本的能力和素质，就是准确的文字表达。文字表达不准确，就意味着没有把握执行意图，没有把握文案写作意图，这样的文字是没有目标和主题的，只是一堆文字垃圾。

准确的文字表达应包括以下三方面：

1. 表达准确。准确的表达在文案上表现为精准。"精"是指用语不繁，不拖泥带水，不故弄玄虚；"准"是指语言文字的使用上没有歧义，没有含混。实用文案不同于文学作品，文字中不能含有可能导致多重理解和误读的语句和词汇。

2. 文字清晰。实用文案的语言使用上，对字词句的选择是从务实的角度来考虑的。文体是务实的，结构是务实的，内容也是务实的。在实用文案中忌讳出现空洞无物的说教，忌讳复杂的理论推理和演绎，如果理论是必需的，也只是作为工具出现。

3. 表达直接。文案在语言使用上要求直接传达意图，避免转弯抹角、让人猜疑。商务活动有一个隐含的但事实上是最直接的目标，就是讲究效率。对于商务活动中的策划文案来讲，也同样要求阅读的效率。直接的文字能够减少阅读过程中无谓的时间浪费，直接引导阅读者进入思考的主题。

准确的表达是文案撰写人的基本功，需要长期的积累，非朝夕之功。在日常生活和工作当中，文案工作者要养成直觉般的语感，对句子、字词的些微区别和微妙内涵勤于琢磨，要对不同的语用环境有敏锐的把握，只有这样，在文案写作过程中才可能驾轻就熟，信手拈来，完整准确地表达自己的思考和执行的意图。

二、要储备自己的知识结构

文案写作需要较为广泛深厚的知识储备和良好的知识结构。作为文案写作人员，广泛的知识储备包括以下几个方面：

1. 多读历史方面的书籍。任何人都不能脱离具体的历史文化环境而存在，任何事都与具体的历史文化环境相联系。中华民族是一个具有高度历史感的民族，实用文案不仅要根据具体的历史文化环境寻找解决问题的途径，还要利用历史文化的相关要素整合资源，创造性地解决问题。所以，文案的写作者没有深厚的历史文化知识是不可想象的。

2. 不断学习管理和销售的知识。文案是解决组织价值交换问题的过程，如何实现价值交换的效率和效益，是文案的根本任务。文案写作人员不应当是管理和营销的门外汉，对管理和营销的观点、观念、思维方式、应用工具，应当有深刻的理解。

3. 适当懂点心理学。文案写作是有针对性的应用文写作，需要对阅读对象的情绪、情感、意志、态度、动机、性格特点、阅读习惯、认知方式等有深入的了解和把握，否则，文案写作的任务是难以完成的。

4. 对文学语言类知识要深入系统地了解。文案写作需要较为深厚的语言学知识和语言应用功力。需要对语言的语义、语法、语用和修辞有深入的了解，对语言驾轻就熟，根据不同的表达需要娴熟地使用语言。这也是文案写作的基础。

此外，不同的组织、不同的问题情境涉及不同行业不同地域的相关文化，文案写作之前，还有必要对这些知识，进行突击补充。

三、善于整体规划统筹

善于规划统筹，是文案撰写人员的另一个基本功。不论写作什么样的文体，不论针对什么样的阅读者，文案撰写人员在日常生活和工作中都应当能够根据主题，进行妥善的谋划。日常写作时，也许方案的内容各有不同，表达的主题也大相径庭，但通过材料的组织能鲜明地传达出写作者的意图，表现主题，获得阅读者的共鸣，取得对有关问题和观点的认同，却是一致的。

在很大程度上，写作就是谋篇布局。如何开篇，如何破题，如何承接，如何展开，如何转折，又如何作出结论，都是需要写作者精心设计和规划的。长期写作的人都知道，文章写作之难，难的不在于遣词造句，而在于谋篇布局。

活动策划是应用性和综合性高度结合的学科，是对各个学科知识的整合，活动策划写作人员要广泛地吸收各学科各专业的知识，以备不时之需。以下几点值得注意：

1. 要在某一个方面成为专家。这就意味着，文案写作者应当在自己业务范围和兴趣范围内，在某一个领域里，拥有专家般的权威性的见解。为此，商务策划文案写作人员的知识结构应当是"T"型的，即既具有广泛的兴趣和渊博的学识，又在某一个领域里具有深刻的理解，结合了"通才"和"专才"各自的优势，又避免了各自知识的不足。

2. 商务策划文案撰写人员需要对自己掌握的知识有一定的厚度。换言之，他们对这些知识的了解和理解，不能仅是蜻蜓点水略知表皮的，还应当具有相当的深度。较之于普通人，他们在各个方面的知识都不能显得过于外行。

3. 商务策划文案撰写人员的知识应当具有一定的广度。兴趣广泛，交游广泛，爱好多样，能够开放地接纳各种知识，兼收并蓄，为我所用。为此，他们应当是一个"通才"，是万金油，是百科全书。

活动策划者的素质与能力

接下来谈谈活动策划者需要具备哪些素质和能力。策划者是企业的高级管理人员，是为了实现预定的策划目标，采用一定的组织形式和方法，率领、引导、指挥、协调和控制被领导者完成预定策划任务的领导者，他们应当具备以下素质要求：

一、社交场合中的适应能力

适应能力表现为一个人在社交场合的介入能力、公关能力、控制能力以及协调性等。良好的适应能力是现代社会生活中人的重要素质之一。

首先，知识面要广，特别是对自己销售的东西一定要了解通透。其次，善于寻找共同话题，其实与有些客人谈生意不一定要谈产品，只要把自己推销出去，别人认同你，生意基本就谈成了。最后，就是仪态、仪表，这是相当重要的，给客人一个好的仪态和印象非常重要，如果第一次印象不好，以后机会就没有了。

二、活动策划中的协调能力

协调能力是指决策过程中的协调指挥才能。决策的领导者应该懂得一套科学的组织设计原则，熟悉并善于运用各种组织形式，还应该善于用权，能够指挥自如，控制有方，协调人力、物力、财力，以获得最佳效果。策划人才的协调能力主要由这样几方面构成：高超的员工激励能力，活动策划者要善于利用各种手段激励同事，以激发合作伙伴积极性、主动性和创造性；良好的人际交往能力，活动策划者在人际交往中能以各种技能来建立良好的人际关系，即"为我所用"的能力；有效的人际沟通能力，活动策划者要通过各种语言或其他媒介向他人传达某种信息，以有效地使他人获得理解，促进策划方案顺利地进行。

协调能力是化解矛盾的能力，是聚分力为合力的能力，是变消极因素为积极因素的能力，是动员群众、组织群众、充分调动人的积极性的能力。

三、高于普通人的洞察力

洞察力的敏锐性是一种迅速而善于发现易被忽略的信息的能力。洞察力的敏锐性与一个人的兴趣和知识经验密切相关。一个知识渊博、经验丰富的人能在错综复杂的大千世界中观察到许多有意义的事物和微妙的现象，具备这种敏锐的感知力和洞察力，离一个优秀的活动策划者就不远了。

目录

下篇　活动策划

上篇 市场营销实用文案

第一章　市场战略文案

市场开拓文案

市场开拓文案主要为企业品牌宣介及产品打开市场提供思路，也是直面竞争的有效手段，与执行团队配合使用。撰写市场开拓方案时，要遵循市场发展和企业成长的规律，执行团队使用时如果能注意文案中提到的一些要素，对开发市场将有很大的价值。

写作要点：

市场开拓文案的内容主要包括：市场现状和企业现状分析、开拓文案的目的和意义、文案运作时间、具体的行动计划、运作方法和流程、宣传文案以及预算等。

在产品入市之初，由于市场经验不足、应对市场竞争的能力有限，而且企业急于回笼资金，不宜直接进入重点城市参与激烈竞争，而应该避实击虚，重点突破，积蓄力量。针对不同的市场，企业所采取的开拓策略也是不同的，这一阶段要及时组织市场调查，收集反馈信息及使用情况资料，便于及时地调整营销策略。

市场开拓首先要选择好准备进入的市场。方案写作时要综合考虑潜在的市场规模、竞争状况、产品入市的难度以及企业短时间内运作的能力。开发市场通常被划分为四类：

第一类市场，特征是市场规模大、消费能力强、竞争激烈，如直辖市、主要省会城市及沿海重要城市；第二类市场，特征是市场规模适中、消费能力适中、竞争程度适中，如各非省会中心城市、地级市；第三类市场，特征是市场规模适中、消费能力强、竞争程度适中；第四类市场，特征是市场规模有限、消费能力有限、竞争程度弱，如县级市及县城。

参考范文：

<u>参考范文：</u>

××市场开拓文案

一、宏观市场研究

××市历来是商家必争之地，各大品牌竞争十分激烈。市内已经有大型××市场，××路是大型批发集散地，但属于低档货物集散地，该批发市场中存有大量假冒产品，一般不被品牌商家看好，但××路对全市及周边省市辐射能力很强，有很大影响力。××市场主要做××交易批发，最重要的属××市场和××市场，品牌批发大部分集中在此两处，各厂家在此两处的竞争也达到白热化，所以此两处市场中商家实力雄厚，渠道宽，但对入驻厂家要求高。有很多厂家办事处都设在这两处。各大品牌在××市场的情况如下。

××品牌：一直采取自然销售的方式，也就是铺货，经过两年时间把网络做开，而且现在在××省设立仓库，发货方式比较灵活，加上一直在中央台投放一定量的广告，是发展比较快的品牌。

××品牌：价格十分低廉，质量有保障，而且市场运作灵活，深受商家青睐，也深得消费者喜欢。尤其今年以来，开始向品牌化道路发展，在××台投放广告，但厂家对市场的整体营销运作不到位，而且没有突出产品，在大型工程上运用不上，得不到行政部门认可，也得不到大型工程商等认可。

××品牌：在行业内品牌知名度高，质量可靠，美誉度好，而且系列齐全，对做工程有独到的方法，但是在渠道方面较缺乏，不重视开发销售网络，一直坚持走工程路线。

××品牌：品牌的知名度、美誉度高、渗透力强，而且与设计院、装饰公司关系好，工程量大，营销渠道控制到位，价格体系控制十分好，能保证商家利润，也受到商家的欢迎，属于××行业内创造标准的企业。

××品牌：在行业内属于最早的知名品牌之一，而且系列齐全，是××行业唯一一个中国驰名商标，质量可靠，深受消费者喜欢，但厂家在市场维护上和产品美誉度上把握不够。

××品牌：属于××地区产品，为求得市场开拓，曾在××台投放广告，招商做得比较成功，现在整体网络健全，而且产品系列十分齐全，便于商家整体进入工程，价格也比较低。

××品牌：知名度大，广告投放量大，价位低廉，质量有保证，产品外型漂亮，深受××地区广大消费者喜欢。

由于做品牌初期急功近利，市场的渠道、价格体系控制不到位，现在整体市场体系较乱，渠道商之间互相杀价，批发商利润很低，严重挫伤代理商积极性，现在开始走下坡路。但很多方面值得我们借鉴。

二、执行过程

（一）详细工作计划与部署

第一阶段：时间（××个月）

人员：××名公司商务人员及××名促销人员

1. 对重点店进行了解回访、跟踪、谈代理事宜，对××家特约经销商重点跟踪、扶持，大约需要××天时间。

2. 利用×个双休日，全体人员全力促销，向商家、消费者进行某产品的宣传活动。

3. 为了配合促销活动的开展，在《××晨报》上做××个月报花广告，每月配发××篇新闻或软文报道。

4. 利用××天时间落实代理商事宜，同期落实×家特约经销商。

5. 期间用××天××人对××街道、××路进行重新调查摸底、了解情况。用××天的时间对其他市场、重点店进行摸底了解，了解××产品。

（二）具体工作安排

第二阶段：时间（××个月）

人员：××名公司商务人员及××名促销人员

1. 带领××名促销人员对双休日进行重复促销宣传，并且利用展架在居发区进行宣传。

2. 抓紧分销渠道的回访工作，重点维护已做宣传的地点，如小墙贴、楼层贴的保持工作，遭到破坏的抓紧修补。

3. 召开重点水电工会议，确立关系，加强沟通。

4. 着重拜访××公司，与其确立并保持良好的关系。

5. 在分销店及××市场中抓紧横幅的悬挂。

6. 抓紧新零售店的开发，利用促销以外的时间，争取开发零售店××家。

（三）需求公司支持

第三阶段：时间（××个月）

人员：××名公司商务人员及××名促销人员

1. 利用××天时间抓紧楼层贴的张贴，把大小墙贴贴到大街小巷的三轮车上及××市场的运货车车身上，把圆珠笔全都系到银行、邮局便民栏中（可利用促销人员一起做）。

2. 对以前做过促销宣传的路段进行跟进式促销，并加强针对社区等处的宣传活动。

3. 宣传到位后，可将我们的产品进驻××等各大超市，抢占该超市的显眼位置，并做好设置。

4. 着手建立××队伍，发展新的终端出货渠道。

5. 回访、维护已开发的代理商及特约经销商，指导布置其店内装饰，安排××人长期跟踪维护开发新的零售店××家。

三、目标

1. 到××年年底，确定××家有实力的代理商，实现××个月回款××万。

2. 到××年底，实现网络的梯队建设，完善好整个营销网络，力争分销网络达××家。

四、市场推广组合策略

（一）宣传推广

加强卖场的建设，对终端消费者产生视觉的冲击，由于××品牌目前还没有一家上档次的形象店，影响了公司产品的整体形象。我们认为首先应该加强形象店的建设，每个××市场开发一家，共约××家；在地段好的地方做好户外广告，可适当给店主返一些补贴；制作小型条幅、横幅，在适当可挂的市场挂，在经销商门头悬挂；制作POP墙贴、楼层广告墙贴、公益广告墙贴、海报若干份，尤其是楼层贴，很重要；在《××晚报》《××晨报》上做为期半年的报花广告宣传，提升产品的整体知名度；可适当考虑公交车的车身广告，大约需××辆车身。

（二）团队营销

商务人员必须明确目标，牢记"商务人员承诺"；必须每天拜访××家客户，并有详细记录；所有商务人员必须把开拓××市场作为一场战役来对待，须做到整体作战，统一住到分中心，做到白天工作，晚上探讨、学习。

（三）开拓市场

对销售网络进行严格管理，同时维护好自己的网络，价格体系严格控制，防止低价销售；总代理和工程代理一般不参与零售竞争；充分调动、发挥代理商的已有优势，发动业务员工的主观能动性，迅速拓展市场；严格发展特约经销商，对其进行价格管理，严禁经销商之间恶性竞争，扰乱市场；对商家业务人员进行多方培训，引导、处理好个人关系，调动其积极性。

（四）营销策略

加强与行政部门（如技术监督局、城管、市容委等）的沟通，定期拜访各部门并与其处理好关系；与××市场管理处管理人员处理好关系，在市场内开展各种宣传活动；与各大商场、××超市商场管理人员进行协调，让其主推××品牌；拜访各工程客户及相关设计院，了解市场情况。

（五）发展策略

为了开拓市场，发展有实力的代理商及经销商，必须进行大规模的促销活动，发展××队伍。××是产品推向用户的关键，他们能够讲产品的好，也能讲产品的坏，作用十分重大，加强××的组织工作；在××中可选出团队代表，让其对××进行联系、管理；将圆珠笔等小宣传物放置在银行、邮局等人流量大、视觉性强的公共场所；开发几大××超市，如××、××等；加强××地区的活动，开发新小区经销商。

五、企业基本情况研究

××企业刚进入××市场时，由于对市场了解不够，采取的推广方式较盲目，价格体系透明，公司政策缺乏保密性，导致在相当长的一段时间内难以选到好的代理商。如果所选的代理商不具备强有力的经济实力及市场控制能力，则很难在短期内把市场做大做强。既然在××市难以快速占领至高点，我们决定对××市场先缓后一步，着重开发该市下面的地、州、市，主要是××、××。经过试点局部开发，在××市场取得了一定成功，在短短两个月做成××地区第一品牌，而且市场基础较稳定。

六、损益分析（略）

营销战略分析报告

市场营销战略是企业市场营销部门根据战略规划，在综合考虑外部市场机会及内部资源状况等因素的基础上，确定目标市场，选择相应的市场营销策略组合，并予以有效实施和控制的过程。

写作要点：

市场营销战略作为一种重要战略，其主旨是提高企业营销资源的利用效率，使企业资源的利用效率最大化。营销在企业经营中具有突出战略地位，对保证企业总体战略的实施起着关键作用。营销战略包括两个主要内容；一是选定目标市场；二是制订市场营销组合策略，以满足目标市场的需要。根据消费者的不同，将顾客划分为若干种类，以某一类或几类消费者为目标，集中力量满足其需要，这种做法叫做确定目标市场，是市场营销中首先应当确定的战略决策。目标市场确定以后，就应当针对这一目标市场制定各项市场经营策略，以争取这些顾客。

为实现营销战略目标而制定的营销规划在实施中必须注意以下问题：

1. **善于扑捉市场潜在或隐性的机会**。有效地利用潜在机会，对发展新产品、改进现有产品、发现产品问题，吸引竞争对手的顾客、开发新的细分市场都极为有利。

2. **懂得发挥自身的优势**。用同样数量、同样类型的资源完成新的战略目标。

3. **将市场变化、环境与企业基本情况相结合**。树立市场需求观念，把眼光放在广阔的市场上，以适应市场变化。

4. **强化公司产品的核心竞争力**，增加产品的品牌影响力。

5. **避免同类产品**。名牌商品都处于高度的商品保护地位，如果新商品只是一味模仿而无改进，就很难取得成功。

6. 识别环境的发展趋势。 环境发展趋势可能给企业带来新的机会，也可能带来新的难题，如新法律、新政策的实施，对企业营销可能产生有利或不利的影响，掌握环境的发展趋势是企业制定战略计划的重要前提。

参考范文：

××公司市场营销战略

作为新一代的日化领军人物，××品牌的地位是特殊的。当××公司已很久不再生产洗衣粉，××公司与××公司刚刚将日化主业置换，××公司最近才借壳上市，××品牌所属的××化工是唯一一个日化类的绩优上市公司。值得一提的还有，在目前日化的前沿队伍中，××化工也是唯一一个国有企业，既有民营企业所难以企及的融资渠道，又有着上市公司赢利的硬性指标，既要在市场中充分竞争，还要保持一定的利润。和其他企业倾力打造日化航母的扩张不同，××品牌还在向非相关多元化方向寻求新的增长点。很显然，××化工的身上，有着国有企业相同的深刻烙印。

一、市场机会

1. ××化工背靠的运城盐湖可以说是一座宝库。通过调查发现，运城盐湖黑泥与以色列死海黑泥中有益于人体的矿物质元素均在同一数量级上，且为无毒、无刺激性物质，具有黑泥浴、卤水浴实施的可行性。运城盐湖显然因为与死海的神似有了让人可以想象的前景，对××品牌来说，是个很好的机遇。

2. ××化工本身就是××品牌立于不败之地的强大保证。××化工集团拥有世界第三大硫酸纳型盐池运城盐池、江苏洪泽、四川眉山地下芒硝等重要的战略资源，年产元明粉达××万吨，行销量占世界第一，包括××、××在内的国际日化巨头都是××化工元明粉的客户。这种资源强势正是品质保证最根本的战略基础，为××品牌的发展提供的很大的发展空间。

二、存在的问题

1. 由于××品牌一直走质优价低的价格路线，以农村为目标市场，导致其品牌形象在都市人心目中品牌认同度不高，被认为是廉价的货品。

2. 广告：品牌内涵和情感诉求的错位

面对众多品牌的功能诉求，××品牌来了个惊险一跳，走另一条路——品牌发展之路。××品牌选择了简单平素的品牌理念传承，采用目标消费者熟悉的场景——小学校园。将品牌理念通过妈妈的语言，小学生的活动来表现。

3. 产品：市场期望和推广策略的错位

为了能将产品的档次有所区分，××化工将××品牌定位于中低档，而希望"××"品牌作为其高档产品的代表。但由于××这个品名本身就有些不够高档化，再加上××化工在广告上也没有着意去推，所以××的高形象之路遥不可及。

日化产品洗涤剂利润逐渐微薄，但洗发水、沐浴露等液洗以及多种化妆品的利润也不菲，××化工推出的洗发水等产品市场反应并不好，××品牌，在新品扩张的道路上有着太多的遗憾与失落。

4. 渠道：渠道转型与终端建设的错位

进入城市市场以后，××品牌就试图洗掉自己身上的土气，想以崭新的面貌赢得消费者的青睐。但自从进城后，××品牌的上山下乡运动就明显减少了，在农村市场，××品牌渐渐远离了自己的优势支点。当××品牌开始将城市作为下一个重要目标时，曾经的制胜之策却被抛离在身后。在流通领域，××牌凭借和经销商密切的关系，让××品牌的优势难以显现，而终端的建设才是××品牌可以和××抗衡的法宝。

5. 扑朔迷离的未来

随着××品牌的崛起，××化工不得不从两方面权衡自己的身份。一个是原料供应，靠众多日化企业的捧场，一个是市场竞争，又与这些企业捉对厮杀，究竟怎样平衡成了××品牌最头疼的问题。在保留××这个元明粉的最大客户和拼尽全力争取××品牌的第一之间将是一个艰难的选择。

三、营销目标

20××年是××集团的建设年，也是十分重要的一年，日化销售部提出营销目标和财务目标是：

1. 取得××万吨的销售业绩，占市场××%的份额。

2. 开发新产品，使第二年的市场份额提高到××%。

3. 在消费者时常创造××%的品牌知晓度，在铁路、航空等行业创造××%的品牌知晓度。

4. ×个月内，将产品覆盖城市市场和农村市场。

5. 获得××%的税后投资回报率，获得××%目标利润和×××万的总收入。

四、营销战略的方法

1. 挑战策略：农村包围战+城市攻坚战+实力战。大部分城镇居民可支配收入低是对中低档消费品的较高需求的主要原因。但是，自19××年以来，农民人均纯收入增长率逐年下降，中低收入家庭的购买力增加不大；针对这种消费心理，将产品定位于中档，注重实际功效，强调强去污力，回避价格战。××品牌将其目标消费群锁定为中低收入的女性，将其产品线延伸到农村的角角落落，最大地满足农民随时购买的需求，保证了其发展空间。在城市市场，××品牌在包装、功效等方面进行改进，选择城市里基数很大的中低收入者为目标人群，追求性价比的最高，寻找到了合适的机会点，有效地避开外资品牌的锋芒。

2. 抓住"新一代"一句"中国人××品牌"影响年轻的一代，使这个观念更明确风行，影响年轻人的传统意识。将手伸向了媒体、零售、航空、饮料、铁路及电讯各个看似不相干的行业，始终把握住一个行业补缺者的角色，它以自己独创的商业模式，在行业中牢牢站立并且获得成功。

3. 率先抢占终端市场，打造"世纪"品牌。政府是锻铸××品牌名牌的后盾，诚信是承载名牌的基石，科技是打造名牌的重锤，服务是呵护名牌的保姆，只要沿着这个方向，相信××品牌的品牌价值能得到更大的提高。

4. ××品牌本身，就是一个极富内涵的品牌，引伸空间很广。突现出一种阳刚之美，品牌本身就传达出差异化的诉求，具有鲜明的特征。长期以来，××品牌被消费者认同为一个积极向上的，有开拓精神的，相当有责任感的形象。与其他同类品牌相比，××品牌更多地体现着父性的坚强色彩。

5. 在传播策略上，着重于稳抓稳打，确定了适度的费销比，把有限的宣传资金更多地用于感性色彩浓、实际效果好的平台，诸如刷墙、现场示范等这些贴近消费者，符合民情的举措，更有效地将××品牌大众化的品牌形象表现得淋漓尽致，有效地提高××品牌的品牌认知度，扩展××品牌的市场销量。

6. 设计制作了完整的VI（Visual Identity，视觉形象识别系统），整合了"××"及"××品牌"标准字，做到和国际接轨。同时××品牌全线产品都更换了新的包装，从外观上进行了品牌形象的提升，力图赋予××品牌新的形象。继续与4A广告公司合作，突破了一般洗衣粉功能性诉求的屏障，凝结出了其品牌文化的承载体，给予消费者明确的品牌认同感。这种为××品牌所独有的品牌内涵，成为××品牌标新立异的品牌个性，做人穿衣服要干净，更重要的是道德人格、内心世界的干净，这正是当今时代人们所企盼的，它引起了更多消费者共鸣。与此同时，××品牌加大传播力度。

7. 继续推出了以×××为形象代言人的系列广告，进一步深化其品牌所承载的文化内涵。×××在公众心中的形象与××品牌的父性色彩极为吻合。另一方面，大力开展多种类型的社会公益活动，如"呼唤绿色环保洗涤"，"母亲节××品牌爱心奉献"等，作为"中国人××品牌"形象的表达方式，增加公众对××品牌的好感，迅速提升××品牌本身的品牌美誉度、忠诚度和凝聚力。

8. 加强了与连锁零售商的合作，继续保持与沃尔玛合作推广××品牌洗衣粉，与家乐福、好又多等大型连锁超市建立了相似关系。完善和发展销售网络，不断加强与销售商的联系，牢记"品牌是基础，渠道是关键，决胜在终端"，不断的完善终端建设，为企业的发展提供长远的发展空间和目标顾客。

9. 培育多种品牌进行竞争，推行地区品牌上市，对不同的地区实行差别化定价，通过对市场细分，对不同地区的消费者推出适应本地区的产品，更好地树立××品牌的品牌。重视市场的研究，以便更好地跟上消费者的观念和需求。重视技术开发，用先进实用的技术改造产品，用新的技术新的材料提升产品档次，增加品种，满足市场需求，加强新产品开发。在调整产品结构中，××化工始终以市场为导向，以满足顾客需求为出发点。积极扩大新产品的生产能力，形成洗衣粉、洗涤剂、皂类、牙膏等多品种争霸天下的格局。

五、预算与控制

对每一行动步骤的详细预算、日程以及管理上的安排，如何掌握计划的执行进度的控制事项以及执行计划的费用预算等，都在营销计划的时间表中，公司将在执行前的×个星期内通知。出于控制目的，计划要求每个月对实际和预算的销售与费用进行比较。对特殊情况的出现和处理，公司将再通知。具体的控制主要有如下几个方面：

1. 年度计划控制。包括销售分析、市场占有率分析、营销费用的分析、财务分析和顾客满意度分析反馈。

2. 盈利能力控制。包括各个营销渠道的营销成本控制、各营销渠道的营销净损益和营销活动贡献毛收益分析以及反映企业盈利的其他指标的考察。

3. 战略控制。主要采取营销审计。

消费者分析报告

消费者购买行为是指人们为满足需要和欲望而寻找、选择、购买、使用、评价及处置产品、服务时介入的活动过程，包括消费者的主观心理活动和客观物质活动两个方面。

写作要点：

消费者分析中要发现解决的问题主要是对现有消费者在消费能力上的分析，以及调查消费者对产品有无明显的不满。对消费者分析时，还要注意发现机会，比如对产品的偏好、购买频率提高的可能、购买量扩大的可能、影响他人的可能、对其他品牌的不满、对本产品的态度、未满足的需求等。写作时应注意以下几点：

1. **市场需求情况**。与本产品有关的消费时尚现象，消费者在消费本产品的同类产品时的特点。

2. **受众群体分析**。①对消费群体做出分类：分析消费者的数量、年龄阶段、职业范畴、家庭收入、文化层次及偏好消费场所。从性别上来看，女性更易接受情感型广告，而男性更喜欢粗犷的或渲染民族气魄类的广告形式。②分析现有消费者的消费行为，包括购买的动机、购买的时间、购买的频率、购买的数量、购买的地点。③分析现有消费者的态度：消费者对商品印象及评价如何？对本品牌的忠诚度如何？对竞争者产品的忠诚度如何？具体包括：对本品牌的认知程度；对本品牌的偏好程度；对本品牌的指名购买的占比；本品牌未满足的需求；对本产品最满意的方面；对本产品最不满意的方面。

3. **潜在受众群体分析**。①潜在消费者的特性：包括总量、年龄、职业、收入、受教育程度及分布。②潜在消费者现在的购买行为：现在购买哪些品牌的产品？对现在购买品牌的态度如何？③潜在消费者被本品牌吸引的可能性：对本品牌的态度如何？本品牌对其需求的满足程度如何？

参考范文：

关于 ×× 型轿车的消费对象分析模板

本文致力于分析 ×× 型轿车的市场定位情况，即确定其消费对象，包括收入水平、职业背景、年龄范围、心理价位和购车计划等。

一、消费人群

各年龄段中希望购买 ×× 型私人轿车的人数有较大区别，调查结果表明，30 ~ 40 岁的年龄段中的消费者购车意向比例最高。这一群体的事业一般刚刚起步或处于上升阶段，甚至有些已经颇有成就，家庭建设也初见成效。因此，他们有条件、有需要、更有心情购买私人轿车。所以，×× 型轿车的销售对象主要是年龄在40岁以下的年富力强的中青年人。

二、年收入标准

年收入在 ×× 万元以上的人大部分都有轿车购买计划。从购车者的年收入与其购车的比例来看，随着被调查者收入的提高，购买私人轿车的人数比例逐渐增加，年收入在 × 万元以上的消费者中有34％的人有购车意向。×× 型轿车的销售对象主要是年平均收入在 × 万元以上的消费者。

三、承受能力

从统计中可以知道，×× ％的消费者希望私人轿车的价格在 × 万 ~ ×× 万元之间。总之，×× 型轿车的市场定位已经十分明确，即 ×× 型轿车的销售对象主要应该针对年平均收入为 × 万元以上，工作相对稳定、消费观念超前的中青年人。所以，我们认为，新开发的 ×× 型轿车应该针对这些高薪收入者，设计为技术含量高、性能品质好、外形个性化、用途多样化的车型。

四、职业背景

通过对全国七个城市中从事各种职业的人群进行调查，发现对私人轿车购买欲望最强烈的是三资企业中的中高级职员和私营工商业者。调查数据表明，中国存在着极有潜力的巨大的消费群体，这些人多在三资企业、银行、外国驻华机构等单位工作。他们工作相对稳定，年收入不断增长，他们中的大多数人文化层次较高，品位高雅，思想超前，容易接受新鲜事物，消费观念比较进步，始终追随消费潮流。从某种角度上说，他们领导着中国消费市场的发展方向。

在对这个消费群体的定向调查中发现，几乎没有人不想购买私人轿车，但对于购车有着自己非常明确的看法，不会盲目跟从。他们购车的目的是提高生活质量，而关于购买车型的考虑因素是极其务实的，主要是考虑车的品质与性价比。他们并不按自己口袋里钱的多少决定应购买的车型，而是更多地考虑轿车的发展方向，想让轿车体现自己的身份与地位；他们在某些方面也摆脱不了中国人购物时"一步到位"的观念，要买就买好的；他们在考虑购不购车、何时购车时，并不过多地在乎诸如停车场地、附加费用等问题，因为他们对国家政策和中国发展的前景抱有乐观态度。此外，他们身上还具备一种"爱国精神"，他们热切地期望中国的民族汽车工业能够兴旺发达，所以也在等待适合自己的国产轿车问世。因此，××型轿车的销售对象应主要围绕在三资企业中工作的中高薪收入者和私营工商业者。

第二章　市场调查文案

营销调查文案

企业进入稳定运营阶段往往想要更加快速地提高产品销量或者提高品牌形象，需要做各种各样的活动进行促销，无论是线上还是线下，亦或相互结合、专题系统，都必须事先做好市场调查，市场调查是营销活动开展前不可缺少的环节，而市场调查前期首先要将市场调查文案写明白，写透彻。

写作要点：

通过营销调查文案的梳理，我们在市场调查过程中能够更加掌握核心，更加有条理地将数据进行整理，尤其是能够在调查过程中抓住细节，很多活动失败的原因就是因为在市场调查中细节没有做好。

由此可见，写好市场调查文案的重要性不容忽视，那么，市场调查文案写作有哪些要点呢？需要把握哪些细节呢？

1. 明确调查目标

在市场调查文案中一定要清晰地表明市场调查的意义和具体实施方法，调查的过程要有逻辑性，层次分明地展现出来。市场调查员根据这样的文案才能逐步落实，对营销过程中存在的一些难题才能做出准确的判断。市场调查最终的目的就是对信息进行收集筛选，以结合企业自身的条件和优势做出正确的判断，做到扬长避短，提高效率。

2. 制定相应的调查内容

调查内容要以调查目的为依据，收集一些真实有效的客观资料，为得出正确而科学的调查结果做准备，调查内容一定要解决企业实际存在的问题，在调查的时候还要兼顾消费者的消费心理，调查要系统全面科学，尽可能通过一调查问题能反映多种实际。

3. 及时有效地评估预算

市场调查最重要的环节就是评估预算，预算方面主要有两点值得注意：一是物质成本，二是人员成本。一般来讲，市场调查所用的成本不算很高，而且调查后的相关信息及数据极为重要，数据所产生的作用是无法估算的，所以市场调查是企业非常重视的环节之一。有些时候市场调查是分期进行的，所以要随时顺应变化更新数据，掌握调查进度，以便把更新更精准的信息在文案中体现出来，及时了解不断变化的市场，使执行更加完善到位。

4. 加强调查模式的研究

随着网络科技的飞速发展，市场调查的方法和渠道也呈现出多样化的趋势，在以往传统调查方式的基础上，市场调查开始向电子商务方向转移。在开始做市场调查之前，必须思路清晰，要洞察消费者的消费心理，怎样的调查方式是最好最科学的？这就要结合企业自身的特点和条件。调查问卷是必不可少的环节，要作为重点环节进行研究，在问卷研究中要加强重视消费者的消费习惯，这样得出的调查结果才会更真实准确。

参考范文：

××地区服装市场营销调查报告

一、调查说明

为了了解××地区社会经济发展情况，商业竞争对手状况、消费水平及需求情况进行此次调查。此次调查为××地区以后的服装市场的定位、经营方针提供了依据。

××地区的服装市场与其他的区域市场又存在着一定的区别。应该根据具体的情况做出分析。为此应该做好相关的市场调查，才能更好地作出相应的预测。

二、市场营销环境状况

目前××地区的服装市场集散地主要有女人街、××商业广场、××地段商铺、步行街××广场等。其中这几个地方又分为不同的档次。

要对自己所进入的市场做一个充分的了解，有必要进行一个初步的市场研究，以了解市场分布、市场容量、需求性质等。

调查采用问卷调查以及面谈调查相结合的方法。如：定点访问、拦截访问。

三、消费者情况

1. 消费者基本情况

性别构成比例中服装消费者以女性居多，女性人口占总体的××%，男性为××%。

年龄构成中年龄以××~××岁者最多，占调查总数的××%，而××~××岁的人群占××%，剩下的××%人群均为××岁以上。

文化程度方面以大学生学历者居多，占了××%，中学生程度者则占了××%，而工作者××%位居第三，剩下的其他程度者为××%。

2. 消费者的购买力及消费水平

调查资料显示，××地区对于服装的购买力及消费水平属于中等偏下，这点从每次消费的情况可以反映出来。

3. 消费者购买行为情况

消费者在购买服装的时候，关于对折扣感兴趣的情况，被调查者所作出的反映是：非常感兴趣占了××%，比较感兴趣的人群有××%，一般的为××%，剩下的××%表现的态度为无所谓。

4. 对××服装市场状况评价及经营建议

征对××市场的情况，要进行刺激消费。除此之外还要强调自己的品牌体系。

在调查中发现，就"对于款式，通常是什么因素影响你的选择？"这一问题中，个人喜好占了××%，彰显个性××%，追求潮流××%，朋友意见××%。而"您通常通过什么途径来了解服装的新潮流"网络资源××%，时尚杂志××%，朋友介绍××%，电视广告××%。

由此可以得出，消费者身边的朋友是一股不可忽视的群体。

现代市场营销的发展，已不是单纯的为销售而销售的过程，营销管理与营运服务已是现代品牌营销取胜的根本，必须运用现代营销品牌运作的管理体系，营销的核心是管理与监控。

在营销内部的管理与监控中，充分应用数据信息化对市场走势、货品的上柜、分销、零售、库存及业务人员的业绩进行监控与分析。

无论是公司发展计划和目标，还是营销内部的运作，都必须在目标计划的范围内执行其责任，只有在规范有序、标准的程序下，品牌的营销才能达到理想的目标。

品牌的市场推广和策划是现代市场发展的基本条件，无论品牌的推广，还是终端卖场零售、促销，都应在统一的策划下展开，如陈列方式、导购技巧、橱窗陈设、店面形象等。

因此我们需加强以下几方面的重点工作：巩固现有市场，维护出口秩序；共享潜在市场；创新新的市场；实行标准化战略。

四、经营者条件及风险因素分析及建议

服装市场经历了从无到有、从卖方市场到买方市场的历程。以批发为主要销售模式的服装专业市场似乎一直上演着永续的财富神话。然而，面临后配合时代和全球经济一体化的深入，服装专业市场已悄然放慢了发展步伐，老市场的不断萎缩，整体利润率的原地踏步甚至下降，表明其发展已遭遇到一定的壁垒。在新的市场环境下，如何保持可持续性的健康发展，是当下亟待解决的任务。

××的服装市场与其他的区域市场又存在着一定的区别。应该根据具体的情况做出分析。为此应该做好相关的市场调查，才能更好的作出相应的预测。

要对自己所进入的市场做一个充分的了解，有必要进行一个初步的市场研究，以了解市场分布、市场容量、需求性质等。

未来消费品牌的需求会有增无减，会有更多的忠实消费群。其品牌价值也将会稳定增加，它将是公司最宝贵的无形资产。品牌的创立，要经历市场的推广期、成长期、成熟期、发展期四个阶段，它需要花费大量财力、人力、物力、时间来维系打造的过程。品牌就是信心，就是实力，更是成功。

营销调查问卷

营销调查是市场营销中必不可少的环节，也是一个项目策划前期准备工作的重要组成部分，只有在深入彻底的市场调查的前提下，营销策划和市场操作才有规可循，而问卷调查是市场营销调查中最有效也是被经常使用的一种方法，在问卷调查中，问卷设计是非常重要的一个环节，甚至决定着市场调查的成功与否。

写作要点：

营销市场调查的形式和方法有很多种，而且根据不同的市场环境和企业本身特点，在操作过程中往往会有所变化，但是作为最重要也是最有效的办法——问卷调查法始终被业内人士看做制胜法宝。根据调查行业和调查方向的不同，问卷的设计在形式和内容上也有所不同，但是无论哪种类型的问卷，在设计过程中都必须注意以下几点：

1. 调查问卷的设计要规范、合理、科学。

2. 在设计问题的时候应该考虑是否便于实际操作。

3. 设计问卷要以调查目标和内容为依据。

4. 前言部分最好介绍一下市场背景（行业的基本情况、宏观环境、竞争对手），如有涉及保密信息，应该有所说明。

5. 运用准确精炼的表达方式选定目标消费者。

即使是一份设计得很成功的问卷，也不是一制定好就能保证调查结果是有效的，必须要经历实践的检验，所以在问卷初步设计完成时，应该设置相似环境、小范围试填写，并对结果和反馈及时进行修改，这样才能以准确的数据和分析来为策略制定做有价值的参考。

撰写问卷时的要点有：

1. 前期分析。在实施问卷之前要有一定的分析，一切的信息和想法都不能保证是正确的。事先做好分析和判断是为了后期工作顺利进行。

2. 问题的思路要清晰，观点要明确，如果问题本身模棱两可或者没有明确的价值观，会导致问题的答案出现偏差。

3. 不要用过多的否定语言，也不要用过多的反问或者假设。不要主观臆断去猜测消费者的想法和行为。

4. 避免使用一些不常见的专业术语、俗语或生僻的用语。

5. 问题要通俗易懂，过分夸张的问题会起到相反的作用。

6. 及时修正错误。如果有一些会产生歧义的问题会导致回答问题不准确，就会产生错误的判断。

7. 要具体问题具体分析。

设计问卷的目的是为了更好地收集市场信息，因此在问卷设计过程中，首先要把握调查的目的和要求，同时力求使问卷取得被调查者的充分合作，保证其提供准确有效的信息。具体可分为以下几个步骤：

（1）根据调查目的，确定所需的信息资料。然后在此基础上进行问题的设计与选择。

（2）是确定问题的顺序。一般简单的、容易回答的放在前面，逐渐移向难度较大的。问题的排列要有关联、合乎逻辑，便于填卷人合作并产生兴趣。

（3）问卷的测试与修改。在问卷用于实地调查以前，先初选一些调查对象进行测试，根据发现的问题进行修改、补充、完善。

参考范文：

××汽车广告投放效果调查问卷

您好，我们是×××，我们正在进行一项关于某品牌汽车广告效果的调查，想邀请您用几分钟时间帮忙填答这份问卷。本问卷实行匿名制，所有数据只用于统计分析，请您放心填写。题目选项无对错之分，请您按自己的实际情况填写。谢谢您的帮助。

Q1：请问您知道或听说过以下汽车品牌或车型吗？（多选）

　　□宝马五系　　　□英菲尼迪M系列　　　□奔驰E系列

☐奥迪A6　　　　☐雷克萨斯GS　　　　☐无/不知道

Q2：请问最近一个月内，您看到过哪些品牌的汽车广告？请注意这里说的广告包括各种形式的广告。（多选）

☐宝马五系　　　☐英菲尼迪M系列　　　☐奔驰E系列

☐奥迪A6　　　　☐雷克萨斯GS　　　　☐无/不知道

Q3：请问您最近一个月内在哪些地方看过英菲尼迪M系列的汽车广告？还有吗？（多选）

☐电视　　　☐网络　　　☐杂志　　　☐报纸

☐公交车移动电视　　　☐楼宇液晶电视

☐户外　　　☐其他

Q4：下列哪些广告语或画面情节出现在您看过的英菲尼迪M系列广告中？（可多选）

☐一场感官体验的革新

☐一辆车在路上行驶

☐在英菲尼迪，我们未知，灵感

☐动感的澎湃

☐触感的细腻

☐观感的震撼

☐听感的愉悦

☐嗅感的清新

☐感，前所未感

☐全新英菲尼迪M灵感奢华座驾

☐新灵感，心动力

☐有人在用毛笔写字、画画

☐人的眼睛/耳朵特写

☐其他

Q5：请问最近六个月内，您是否看到过这则广告？（单选）

☐看过　　　☐没看过

Q6：请问最近一个月内，您看过几次这个广告？（填空）

Q7：总的来看，您是否喜欢这则广告？请用1~5分打分，1表示非常不喜欢，5表示非常喜欢，分值越高表示越喜欢（打分）

喜欢程度＿＿＿＿＿＿＿＿＿＿＿＿

Q8：下面哪句描述最符合您对这则广告的看法呢？（单选）

□这个广告符合我对广告中这个品牌的原有印象

□这个广告很适合广告中的这个品牌，并提升了我对这个品牌的印象

□这个广告完全不适合广告中的这个品牌

Q9：请问看完这则广告后，它对您购买英菲尼迪M系列的意向有怎样的影响呢？（单选）

□极大地增加了购买的意向

□一定程度地增加了购买的意向

□没有影响

□一定程度地减少了购买的意向

□极大地减少了购买的意向

Q10：下面是人们对这则广告的一些看法。就这则广告而言，请告诉我您对这些看法的同意程度。（每行单选）

	非常同意	比较同意	一般	不同意	非常不同意
这是一个新颖有创意的广告	○	○	○	○	○
这是一个容易理解的广告	○	○	○	○	○
这是一个独特，与众不同的广告	○	○	○	○	○
这个广告有很强的娱乐性，很好玩	○	○	○	○	○
这是一个贴近我生活的广告	○	○	○	○	○
这是一个容易记忆的广告	○	○	○	○	○
这个广告使我觉得他们的产品比其他品牌的好	○	○	○	○	○

市场预测报告

市场预测就是运用科学的方法，对影响市场供求变化的众多因素进行调查研究，分析并预见市场的发展趋势，掌握市场供求变化规律，为经营决策提供可靠的依据。市场预测的基础是信息来源和市场调查。

写作要点：

写市场预测报告，要求能运用资料数据，准确说明现状，分解资料数据，科学推断未来，依据分析预测，提供可行建议。

市场预测报告的内容应包括以下几方面：

1. **对消费人群的定位要精准。**什么样的客户有能力购买我们的产品：第一，消费人群的类型以及是否存在变化，消费人群的数量扩大还是在缩小，根据这些信息可以判断产品的发展趋势；第二，对消费者每月的收入和花费的比例做一个分析。

2. **对商品的前景做出正确判断。**根据客户的购买习惯和消费喜好做出正确的预测，预测各种商品的需求数量、类型、颜色、大小等。

3. **要定准方向紧跟潮流。**消费者收入水平的高低决定着消费结构，要善于分析大多数消费者愿意支出多少费用，是否收入越高花费越多（如娱乐、消遣、劳务费用支出增加，在商品性支出中，用于饮食费用支出的比重则大大降低）。另外还需要考虑消费心理对购买力投向的影响。

4. **掌握市场环境的变化。**在产品整个经营销售过程中，价格因素的变动直接影响到企业的效益。企业要随着市场的变化而变化，要充分研究劳动力成本、生产成本、利润的变化，市场供求关系的发展趋势，以及国家经济政策对产品价格的影响。

5. 展望企业的未来。 对企业目前的发展状况及以后的发展规模有一定的判断，这也是对产品是否具有生命力的一个预测。

阅读市场预测报告的人，一般都是繁忙的企业经营管理者或有关机构负责人，因此，撰写市场预测报告时，要力求条理清楚、言简意赅、易读好懂。

市场预测报告的结构与写法主要有以下五个部分。

1. 标题

（1）文章式。其文种名称灵活多样，多用"走势""趋势""展望""估计"等词语，甚至不出现推测性词语。如《我国××行业面临的新竞争》，还可以采用复合式标题。

（2）公文式。一般由四部分组成，即由范围、对象、时间和文种名称构成。如《××地区20××年—20××年啤酒需求量的预测》，其中"××地区"是预测范围，"20××年—20××年"是预测时间，"啤酒需求量"是预测对象。有时带有整体性的预测，也可省略范围，只标明时间和对象就可以了。如《20××年—20××年纺织品"流行色"预测》。文种名称可以是"预测"，也可以是"预测报告"。一般公开发表的多用"预测"，用于内部或写给上级的常加"报告"二字。

2. 前言

大多数市场预测报告对前言部分不大讲究，可以直接进入主体。也有些前言比较完整，一般是对预测的缘由、预测对象或预测结论作些说明。如"20××年市场价格形势基本走出通货紧缩的低谷，全年居民消费价格水平能够控制在2%以内。这种市场价格形势的取得，是国家进一步采取积极财政政策、努力发挥货币政策作用的结果；是国家加大结构调整力度，市场供需矛盾进一步缓和的结果；是国家整顿和规范市场经济秩序的结果；是国务院进一步深入粮食、棉花等重要农产品流通体制改革的结果；是价格管理体制、价格形成机制适应新世纪形势不断改革、创新，价格监督、检查不断强化的结果。"

3. 主体

市场预测报告的主题由基本情况、预测分析、结论建议三个部分构成：

（1）基本情况。它是预测的基础，要围绕预测对象的具体事实和数据简要说明有关的历史和现状，作为分析的出发点和预测的依据。如"进入20世纪80

年代手表市场出现供大于求的现象，供大于求的原因如下：①生产和进口出现失控现象。②产品品种结构不合理也造成供过于求。③收入水平低的农民用户占较大比重，是限制手表消费的主要因素之一。"

（2）定量预测。也称统计预测，主要是根据比较完备的历史统计资料，运用一定的数学方法，进行科学的加工处理，借以揭示有关变量之间的规律性的联系，以此作为预测的依据。定量预测方法主要有：时间序列分析法和因果关系分析法。

（3）定性预测。定性预测也称判断预测，它是预测者依据个人的经验和分析能力，通过对影响市场变化的各种因素进行分析、判断、推理，来预测市场未来的发展变化。该方法适用于数据和资料掌握不多、预测对象受外界因素影响比较复杂、难以用某种定量模型来表达的情况。该方法使用非常广泛，其特点是简单、实用、费用小，但精度不高，有时会有较大的偏差。该类预测经常采用经验估计法、调查预测法与系统分析法等预测技术。该类报告写法比较简明，把判定性质、预测基本方向作为主要目的，侧重于结果，而不在过程中多用笔墨。

4. 结论建议

预测结果出来后，对今后市场提出建议。建议应切实可行，必要时可分条列出。

5. 结尾与尾部

许多市场预测报告以结论建议自然结尾，也有的概括一下全文，以示强调。尾部由署名和写作日期构成。用于报刊发表的，署名在标题与正文之前的正中位置。

参考范文 1：

20××年钢材市场预测报告

根据国家信息中心提供的消息，国内相关专家分析认为，20××年下半年—20××年钢材市场供给将保持相对平稳价格小幅度上升的态势。但由于各地经济发展不均衡，以及运输到货等因素的影响，少数钢材品种在局部地区有可能发生比较明显的波动。

现对20××年下半年—20××年的市场情况作如下分析：

1. **仍将看好国际钢材市场**。在20××年下半年西方工业国家经济复苏的带动下，出现了世界范围的钢材热，各国对钢材需求增长，出口量急速削减。目前世界上最大的钢材出口国——日本，因地震重建任务繁重，钢材出口量大幅下降，进口量急速上升。世界各地的钢材厂都在寻找钢坯，以提高产品的附加值。按目前的趋势预算，20××年—20××年，国际钢材市场形式看好。

2. **国际钢材需求增幅不大**。据预测，今年钢材需求总量同去年相比，增幅不大，明年钢材的需求增长也不会太大，供求基本达到平衡。

3. **资源供给比较宽松**。20××年上半年，全球各钢材企业都在贯彻"限平、停滞、增畅"和"限产压率"的举措，下半年供求形式转向平衡，各钢材厂都会增加"高质量、多品种"的产品，占领市场，力争出口。20××年仍然是这种趋势。20××年钢材的供求总体将逐渐平衡，但线材等品种有过剩的可能。由于全球钢铁企业的线材生产能力普遍提高，可能会导致普碳材供大于求。从而在价格、品种、质量上展开激烈的竞争，加大钢铁企业的销售难度。而在短时期内"三板一片"的产量难以大幅度提高，供不应求的局面难以改观，价格仍将居高不下。

根据有关部门的预测，20××年钢材资源量比20××年有所下降。虽然20××年资源供给少于需求，但由于有20××年结转的大量库存，仍能实现供求平衡。20××年钢材的资源量增幅不会大，但由于需求也不会太旺，也可以达到供求平衡，有的地区还会比较宽松。

市场价格小幅上升。20××年下半年钢材价格总体平衡，今年可能会出现小幅度的波动，这种波动往往出现在一个地区，货紧时价格上涨，货到时价格又会下跌，但总的趋势是价格会在成本上升、出口价上升的推动下，小幅度上升，一般不会再次出现暴涨。

参考范文2：

20××年煤炭经济运行分析及预测

煤炭工业发展研究专家分析认为，20××年煤炭工业发展又到关键时期。

市场形势谨慎乐观。煤炭行业在经历20××年—20××年的高速成长后，过度为20××年的平稳小幅增长，在煤炭企业各自为战，资源抢占、投资冲动和利益冲动驱使下，行业产能规模快速膨胀令人担忧，而资源的还原成本将使煤炭企业生产成本增加，20××年煤炭企业经济运行将面临更大压力。

20××年煤炭行业面临三大负面影响因素：

1. 进出口税率调整。

2. 还原煤炭成本（包括资源成本、安全成本、环境成本、职工福利成本），预计还原后吨煤成本将增加50~70元。

3. 20××年基建矿井进入投产高峰期，产能将大幅增加。

运输集中化导致近期秦皇岛煤价不断攀升。20××年"三西"煤炭运量增量的××%以上来自大秦线，这种运输集中化的现状使沿海煤价尤其是秦皇岛煤价受晋北煤源供给地产量、大秦线检修情况影响较大，××矿难及近期连续×起矿难，使晋北煤炭产地的煤源供给受制，到港煤炭数量和质量受到影响，刺激煤价上升。预计这种上升势头将延续到明年初。

煤化工产业发展：在石油价格高企背景下，真正具有煤化工成本优势，并且具有现实可能性的是煤通过甲醇制二甲醚设备（简称DME）实现对液化石油气的25%的掺烧、煤通过直接液化或者间接液化制油和煤通过甲醇制烯烃等四条产业链。

煤炭行业投资策略：等待。××研究所煤炭行业研究员指出，现在对煤炭行业资本市场的投资策略是等待。

我们认为：20××年煤炭行业将伴随宏观经济调控进入发展关键时期，对国家煤炭行业调控政策充满信心，认为行业不会再步19××年后尘，而"十一五"我国经济仍将保持较快增长，将支持煤炭行业保持景气状态。"十一五"煤炭行业将在发展中步入良性循环发展轨道。

第三章 市场定位文案

产品定位报告

产品定位指的是企业用什么样的产品来满足目标消费者或目标消费市场的需求。从理论上来讲，应该先进行市场定位，然后才进行产品定位。定位并不是指产品本身，而是指产品在潜在消费者心目中的形象，亦即产品在消费者心目中的地位。

写作要点：

对产品定位的计划和实施以市场定位为基础，受市场定位指导，但比市场定位更深入人心。

具体地说，就是要在目标客户的心目中为产品创造一定的特色，赋予一定的形象，以适应顾客一定的需要和偏好。

产品定位报告一般应包括以下几方面内容：

1. 明确产品流程。要知道产品在企业中所占的比重，主打什么产品？要解决什么问题？

2. 体现产品特色。要了解产品的销售渠道，是否能弥补市场的空缺？产品销售策略是否需要调整？产品特色是否满足市场需求？

3. 打造产品知名度。知名度的高低对产品的影响很大，知名度越高越容易销售反之则越难销售，怎样打造产品知名度是报告中应涉及的问题。

4. 突出产品的价值。消费者为什么要买我们的产品？我们的产品满足了消费者什么需求？产品有什么功能？

5. 产品一定要有差异化。要和其他相类似的产品区分开来。

6. 产品的外观要符合产品本身特点。包括产品的颜色、大小、形状等。

参考范文：

××产品定位报告

一、产品特点分析

××产品是一种无污染、绿色环保、多种功效的××类型产品，计划参与××领域打开销路和竞争对手展开竞争，前期要考虑的就是如何给产品定位。在消费者心目中如何产生品牌效应将直接影响到产品进入市场后的销量。如果我们的产品作为保健品，一定会影响到产品的生命周期，很可能企业刚刚收回前期的投资，消费者已经对产品产生了厌倦，产品的生命周期已经进入了衰退期；如果作为食品，在定价上难以保证高价位，同时其药品式的外观也难以得到消费者的认同；而作为药品，一方面它是食品企业生产，属于保健食品，另一方面在销售渠道的选择上也必将受限。

二、市场环境分析

保健品作为一种特殊产品，虽对人体起着十分有益的作用，但总体而言，它的疗效没有药品显著，其价值又比食品昂贵，因此其生命周期一般都比较短暂。市场上做得较好的品牌，比如"红桃K""巨能钙""昂立一号"等，它们之所以可以在市场上立足，主要因为它们有十分鲜明的功能定位、特定的渠道选择和强大的宣传支持。

三、产品准确定位

经过综合分析，我们认为应把××产品形象定位于类似于药品的高价位、功能性保健食品。如此一来，虽不能使产品进入大众流通渠道，却可以保证产品较为持久的生命周期，同时还可以通过强调其组成成分稀有元素硒进行高价格定位，保障企业的高额利润。为保证能成功地树立起产品形象以推动产品销售，应注意以下几点：

1. 差异化的功能定位。对××产品进行差异化功能定位，功能上以"净化血液，清除人体自由基"统领，根据不同区域病例比重差异进行针对性诉求，如有的地域着重强调防治糖尿病，而有的地域强调防治高血脂、青春痘等。

2. 突出××产品所含稀有元素（硒）组成成分以支持高价位诉求，应更换产品名称如××硒片等，这样可使产品成为第一个以稀有元素硒为个性诉求的产品，容易让人产生深刻记忆，易于率先占领一块属于自己的市场，同时通过对硒这种稀有元素独特作用的介绍来统领众多的产品功效，有利于避免功能诉求太广泛、不明确。

3. 在宣传上弱化其保健食品的概念，转移消费者的注意力，突出功能性诉求；在包装及宣传资料上印刷生产厂家时应采用其他形式出现（如××实业等）。

4. 在销售渠道上采用药品的销售途径，禁入食品或其他日用品流通渠道。

5. 改进包装。考虑到国内消费者的价格接受程度和购买习惯，将原来的包装缩小，降低产品单价，以降低市场切入的门槛；同时在内外包装上使产品突出纯天然、功能性、稀有珍贵的形象识别，在硒片色彩上也可进行尝试，如采用浅绿色等，以此强化××产品含有特种澳门小麦草中稀有元素——硒，同时与众多常见药片形成视觉差异。

品牌定位文案

品牌定位指的是企业在市场定位和产品定位的基础上，对特定的品牌在文化取向及个性差异上的商业性决策，它是建立一个与目标市场有关的品牌形象的过程和结果。换言之，就是指为某个特定品牌确定一个适当的市场位置，使消费者对商品有一个特殊的印象。

写作要点：

对产品进行品牌定位，必须挖掘消费者感兴趣的某一点，当消费者产生这一方面的需求时，首先就会想到它的品牌的定位，就是为自己的品牌在市场上树立一个明确的、有别与竞争对手的、符合消费者需要的形象，其目的是在潜在消费者心中占据一个有利的位置。

撰写品牌定位文案应考虑以下两点：

1. 品牌定位要给消费者以实际的利益，要能够满足他们某种切实的需要。企业品牌要脱颖而出，还要尽力塑造差异。只有与众不同的特点才容易吸引人的注意力。所以说，企业品牌要想取得强有力的市场地位，它应该具有一个或几个特征，看上去好像是市场上"唯一"的。这种差异可以表现在许多方面，如质量、价格、技术、包装、售后服务等，甚至还可以是脱离产品本身的某种想象出来的概念。

2. 品牌定位要考虑目标消费者的需要。消费者有不同类型、不同消费层次、不同消费习惯和偏好，企业的品牌定位要从主客观条件和因素出发，寻找与竞争目标要求相适合的目标消费者。要根据市场细分中的特定细分市场，满足特定消费者的特定需要，找准市场空隙，细化品牌定位。品牌定位一定要摸准顾客的心，唤起他们内心的需要，这是品牌定位的重点。

参考范文：

××凉茶品牌定位文案

一、品牌释名

凉茶是广东、广西地区的一种由中草药熬制，具有清热去湿等功效的"药茶"。在众多老字号凉茶中，又以××最为著名。××凉茶发明于清道光年间，被公认为凉茶始祖，有"药茶王"之称。到了近代，××凉茶更随着华人的足迹遍及世界各地。

20世纪50年代初由于政治原因，××凉茶铺分成两支：一支完成公有化改造，发展为今天的××药业股份有限公司，生产××凉茶颗粒（国药准字）；另一支由××家族的后人带到香港地区。在中国大陆，××的品牌归××药业股份有限公司所有；在中国大陆以外的国家和地区，××品牌为××后人所注册。

A公司是位于东莞的一家港资公司，经××药业特许，由香港地区××后人提供配方，该公司在中国大陆地区独家生产、经营××牌罐装凉茶（食字号）。

二、背景

××年以前，从表面看，红色罐装××（以下简称"××"）是一个经营得很不错的品牌，在广东、浙南地区销量稳定，赢利状况良好，有比较固定的消费群，××饮料的销售业绩连续几年维持在1亿多元。发展到这个规模后，A公司的管理层发现，要把企业做大，要走向全国，就必须克服一连串的问题，甚至原本的一些优势也成为困扰企业继续成长的障碍。而所有困扰中，最核心的问题是企业不得不面临一个现实难题——××当"凉茶"卖，还是当"饮料"卖？

（一）现实难题表现一：广东、浙南消费者对××认知混乱

在广东区域，××拥有凉茶始祖××的品牌，却长着一副饮料化的面孔，让消费者觉得"它好像是凉茶，又好像是饮料"，陷入认知混乱之中。而在A公司的另一个主要销售区域浙南，主要是温州、台州、丽水三地，消费者将"××"与康师傅茶、旺仔牛奶等饮料相提并论，没有不适合长期饮用的禁忌。面对消费者这些混乱的认知，企业急需通过广告提供一个强势的引导，明确××的核心价值，并与竞争对手区别开来。

（二）现实难题表现二：××无法走出广东、浙南

在两广以外，人们并没有凉茶的概念，甚至在调查中频频出现"凉茶就是凉白开""我们不喝凉的茶水，泡热茶"这些看法。教育凉茶概念显然费用惊人。而且，内地的消费者"降火"的需求已经被填补，他们大多是通过服用牛黄解毒片之类的药物来解决。

（三）现实难题表现三：推广概念模糊

如果用"凉茶"概念来推广，A公司担心其销量将受到限制，但作为"饮料"推广又没有找到合适的区隔，因此，在广告宣传上不得不模棱两可。很多人都见过这样一条广告：一个非常可爱的小男孩为了打开冰箱拿一罐××，用屁股不断蹭冰箱门。广告语是"健康家庭，永远相伴"。显然这个广告并不能够体现××的独特价值。在××前几年的推广中，消费者不知道为什么要买它，企业也不知道怎么去卖它。在这样的状态下××居然还平平安安地度过了好几年。出现这种现象，外在的原因是中国市场还不成熟，存在着许多市场空白；内在的原因是这个产品本身具有一种不可替代性，刚好能够填补这个位置。在中国，容许这样一批中小企业糊里糊涂地赚得盆满钵满。但在发展到一定规模之后，企业要想做大，就必须搞清楚一个问题：消费者为什么买我的产品？

三、重新定位

××销售问题首要解决的是品牌定位。××虽然销售了7年，其品牌却从未经过系统、严谨的定位，企业都无法回答××究竟是什么，消费者就更不用说了，完全不清楚为什么要买它——这是××缺乏品牌定位所致。这个根本问题不解决，拍什么样"有创意"的广告片都无济于事。广东的消费者饮用××主要在烧烤、登山等场合。其原因不外乎"吃烧烤容易上火，喝一罐先预防一下""可能会上火，但这时候没有必要吃牛黄解毒片"。而在浙南，饮用场合主要集中在"外出就餐、聚会、家庭"。

消费者的这些认知和购买消费行为均表明，消费者对××并无"治疗"要求，而是作为一个功能饮料购买，购买××的真实动机是用于"预防上火"，如希望在品尝烧烤时减少上火情况发生等，真正上火以后可能会采用药物，如牛黄解毒片、传统凉茶类治疗。

再进一步研究消费者对竞争对手的看法，则发现××的直接竞争对手，如菊花茶、清凉茶等由于缺乏品牌推广，仅仅是低价渗透市场，并未占据"预防

上火的饮料"的定位。而可乐、茶饮料、果汁饮料、水等明显不具备"预防上火"的功能，仅仅是间接的竞争。

综上所述，××的品牌定位是"预防上火的饮料"，独特的价值在于喝××能预防上火，让消费者无忧地尽情享受生活：吃煎炸、香辣美食、烧烤、通宵达旦看足球等。

这样定位××，是从现实格局通盘考虑，主要益处有四点：

1. 利于××走出广东、浙南，由于"上火"是一个全国普遍性的中医概念，而不再像"凉茶"那样局限于两广地区，这就为××走向全国彻底扫除了障碍。

2. 避免××与国内外饮料巨头直接竞争，形成独特区隔。

3. 成功地将××产品的劣势转化为优势，如将淡淡的中药味成功转变为"预防上火"的有力支撑；3.5元的零售价格，因"预防上火"的功能而不再"高不可攀"；"××"的品牌名、悠久的历史成为预防上火"正宗"的有力的支撑。

4. 利于A公司企业与国内××药业合作。正由于A公司的××定位在功能饮料，区别于××药业的"药品"，因此能更好促成两家合作共建"××"品牌。

四、品牌定位的推广

××的推广主题是"怕上火，喝××"，在传播上尽量凸显××作为饮料的性质。在第一阶段的广告宣传中，××都以轻松、欢快、健康的形象出现，避免出现对症下药式的负面诉求，从而把××和"传统凉茶"区分开来。

为更好地唤起消费者的需求，电视广告选用了消费者认为日常生活中最易上火的五个场景：吃火锅、通宵看球、吃油炸食品薯条、烧烤和夏日阳光浴，画面中人们在开心享受上述活动的同时，纷纷畅饮××。结合时尚、动感十足的广告歌反复吟唱"不用害怕什么，尽情享受生活，怕上火，喝××"，促使消费者在吃火锅、烧烤时，自然联想到××，从而促成购买。

第四章　市场管理文案

企业经营管理文案

企业经营管理是指对企业整个生产经营活动进行决策、计划、组织、控制、协调，并对企业成员进行激励，以实现其任务和目标一系列工作的总称。任何企业管理都要选择、运用相应的管理方法。

写作要点：

在目前市场经济竞争十分激烈的环境下，一个新创办的新型企业对自身的企业文化内涵及条件应充分地了解，为使企业在今后的发展壮大中避免失误，少走弯路，企业在开办初期就应有正确的定位，制定好相关策略，落实好措施。

企业经营管理文案要遵循客观经济规律，按照科学管理原理、业务流程、企业文化等方面的原则、模式和方案撰写。

企业经营管理文案的主要结构及写作要点如下：

1. 标题

文案的题目要简洁明了，如可写为"××企业××文案"。

2. 前言

包括市场环境和产品的基本情况，如果需要篇幅较长，内容较多的情况下，可以加入相应的背景分析详细说明。

3. 主体

每个公司所面对的消费群体是不一样的，相对应的管理文案的结构是有所不同的，应根据公司本身的情况及产品特点作出相应的计划，解决管理决策过程中的具体问题。

参考范文：

××公司经营管理文案

一、背景分析

××大型集团公司在××领域有着非常大的影响力，由于该公司成本高而效益低的原因，至20××年×月特聘策划人××为其策划，为企业扭转亏损的局面。

策划人在了解该公司基本情况时，发现总公司上下信息梗塞，视汇报为控制，行业公司各自为战，公司各职能部门勤于服务，忙于事务，作风不佳，公司管理错位，总部处在难以驾驭的状态。据其表象分析，策划人向公司提出以下改正方案：确定公司的管理方向和目标，公司管理测评，以对公司业绩制定标准和考核为推动，从强化企业综合管理入手，编织一张纲举目张之网。该方案经公司认可后，进入了拟订过程。

二、确定公司的管理方向和目标

公司年度方针目标确定与管理，正常的情况下仅是管理体系的梳理过程。但是，该公司每年制定的方针目标，只是象征性地贴在墙上，并没有进行实质性的管理。于是加大了管理策划的难度。根据方针目标管理的一般性质即目标的一致性、方针的针对性及因素的分解性原则，策划人又开始了新的一轮信息整理、判断和创新工作，主要工作内容如下：

1. 方针目标管理流程与管理办法等。

2. 各层次工作的评价标准。

3. 信息整理与分析制度。

4. 指标的分解审定。

5. 问题诊断与措施的分解。

6. 方针目标信息传递程序和发布办法。

7. 总方针目标下各专业计划的分解。

8. 大政方针的确定与各层次方针的审定。

9. 指标的审验与效果评价制度。

10. 总目标的测算与分解指标的分类。

策划人对问题进行整理和判断后，建立了横向到边纵向到底的指标体系、相互对应的责任体系，以及突出中心的计划体系。其中分解指标达××项之多。跨产业跨行业的各公司企业管理在策划人运做下，齐心努力共同编织的一张三大体系之网，一改以往无目标的做法，使其工作负载于机制上，受制于总部的控制之下。

三、公司管理测评

公司管理测评同任何专业分析一样，都有其分析内容、标准与价值。只有弄清其内容、标准与价值才能进行有关信息搜集，进入整理、判断和创新的策划过程。

根据以上的原理，策划人搜集了大量的企业近几年的资料，由于行业门类多，为了抓住主要的指标，发挥"纲"性的作用，在确定诊断标准的过程中，考虑共性与个性的关系，主要依照以下内容为依据：第三产业以销售、利润额上下波动规律为依据确定诊断标准；制造业在未实施劳动定额管理的情况下，通过核定产值当量与制度工时分析相结合，额定现有生产能力与潜在能力空间，以可能实现的生产能力为依据确定诊断标准；职能部门以执行工作流程过程中，工作到位的实际状况以及薄弱环节为依据确定诊断标准。经过营销、计划、质量、技术、资金、成本、资产、物资供应、人力资源等12项专业综合分析，共确定了各单位、部门与下属企业的调空指标以及32项需要健全完善的企业制度。通过所搜集信息的整理、判断、创新，策划人完成了"以企业诊断为力点"的策划过程。

四、对公司业绩制定标准和考核

方针目标机制的建立，从策划的角度讲，只是编织了一张网，但是要熟练地掌控这张网，就需要选择一条结实的绳子，拴住网扣，长缨在手，纲举目张。那么，什么是纲？策划人认为：利益是连接个人、集体与企业最殷实的载体，最有驱动力，指标考核如果与分配联挂，则撒能张开，收能拢住，即构成执网之纲。近而，策划人又再次进行了一轮整理、判断和创新的策划过程。

分配是十分敏感的问题。"公正、公平、公开"也总是相对的。尤其是该企业，行业不同，起点不同；投入大小不同，回报效率不同；统计方式不同，结算时间不同；成本缩水水平不同，利润水平也不同。因此，要保证"公正、公平、公开"并统一在分配的透明度的旗帜之下，确实不是一件容易的事情。

令人担忧的是，调动不了人的积极性，前两轮的策划将前功尽弃。处于慎重，策划人最大限度的搜集了各行业的分配形式，结合该企业管理的现状，经过整理，提出了"三结合"的分配形式：

1. 日常评价与全年评价相结合。从全年看实现了达标，补回日常未达标扣除的分数；以上评价的分数，在保证员工基本收入即基本分的前提下，与单位工资总额挂钩。由于分配讲究最终的效果，即体现了年底见效的共性，又不失每月评价敦促作用，借而达到了控制目的。

2. 每月的评价与每季的评价相结合。从季度看实现达标，补回由于某月未达标扣除的分数。

3. 正常评价与非正常评价相结合。由于人不能抵御的客观问题所造成的恶果，在正常评价下由领导班子根据努力程度再做调整评价。

以上三个步骤环环相扣，又互为衔接，形成一个大的策划环，如此滚动完成了企业整个管理策划。

产品质量管理文案

所谓产品质量管理，是指在一定的技术经济条件下，用科学的方法，对产品质量进行直接或间接的测定或事先加以控制，保证为用户提供所要求的产品质量而进行的一系列活动。

写作要点：

产品的质量决定了产品的生命力，企业的产品质量管理水平决定了该企业在市场中的竞争力。

为保证企业质量管理工作的顺利开展，并能及时发现问题，迅速处理，以确保及提高产品质量，使之符合管理及市场的需要。

合格的产品质量管理文案应符合以下几方面要求：

1. 以顾客为关注焦点

组织依存于其顾客。因此组织应理解顾客当前和未来的需求，满足顾客要求并争取超越顾客期望。

2. 领导作用

领导者确立本组织统一的宗旨和方向。他们应该创造并保持使员工能充分参与实现组织目标的内部环境。

3. 全员参与

各级人员是组织之本，只有他们的充分参与，才能使他们的才干为组织获益。

4. 持续改进

组织总体业绩的持续改进应是组织的一个永恒的目标。

5. 基于事实的决策方法

有效决策是建立在数据和信息分析基础上的。

6. 互利的供方关系

组织与其供方是相互依存的，互利的关系可增强双方创造价值的能力。

<u>参考范文1：</u>

××公司正式投产后产品质量提升策划文案

一、背景分析

××公司在7月6日至22日进行了投料试生产，在这半个多月的试生产期间，公司依靠一流的生产设备、高素质的管理人员、操作人员和××集团派出的专家团队，圆满完成了公司制定的试生产计划，并达到了预计的效果。但是，由于是初次试机生产，不管是在设备联合运行、操作熟练程度，还是在线管理方法方面，均显露出了许多不足。虽大多数问题已被解决，但仍有一些问题亟待我们努力解决，以利公司产品质量提升和生产稳定。例如，在试生产期间，由于车间未考虑设置专门的采样点，加上对新工作岗位的陌生和季节工操作不熟练等因素的影响，以致在质量检测方面出现了技术偏差。又如，由于生产信息传递、把握不及时，生产工艺通知单未能准确到位，以致对生产指导不全面，对质量把控不系统。因此，工艺质检部从工艺改进、质量检测提升及管理创新等方面积极展开探索，持续改进，确保工艺指标和质量检测指标都能有效指导生产，保证公司的产品质量。

二、产品质量管理建议

为科学有序的提升公司产品的质量，使公司在行业内树立良好的企业形象，以提升产品质量作为工作的首要来抓，拟提出以下建议：

1. 提高全员的产品质量意识。建议从高校或质量协会聘请教授、专家，对我公司全体员工，特别是与生产相关的职工，进行质量意识培训。培训内容包括质量管理、质量管理工具、ISO90001质量管理认证体系等。让公司职工了解质量的重要性，让大家严格按照质量要求进行生产。

2. 加强产品质量审核。成立公司层产品质量监督小组，其职责主要是监督产品质量，对产品质量检测手法、产品缺陷等提出改善措施，对不合格的产品严禁流转，对合格的产品全部贴上产品合格证或加盖"合格"印章。具体文件、措施由责任部门（工艺质检部）拟定，报请公司审定。

3. 控制来料质量。来料包括原烟和生产辅料（主要是包装相关品）。相关责任部门应对生产原（辅）料的质量严格检查，来料质量直接决定了我们的产品质量。因此，应从源头上把控来料质量。

4. 保障设备运行稳定。在打叶复烤生产过程中，流量稳定是保证产品质量指标合格的前提。对于新设备、新操作工：首先，我们应对设备加强整改，使设备运行、衔接流畅。其次，大力开展操作技能培训，提升操作工的操作技术和应对突发设备故障、产品质量问题的能力。再次，积极推进6S管理和全员生产维修（TPM），加强设备的点检、维护管理，使设备健康运转。

5. 强化沟通、协调。部门和部门之间的配合、班组与班组之间的衔接、岗位与岗位之间的协调都非常重要。生产与质量是分不开的，设备与工艺是相辅相成的。此外，前道工序有责任和义务为后道工序提供合格的产品，后道工序有责任和义务帮助前道工序检查，出现问题及时汇报及时解决，杜绝不合格产品产生。

6. 细分工作流程，推进标准化管理。对每项工作，不论大小繁杂，都应制定相应的标准工作流程（SOP），并形成我公司的企业管理标准化体系。在工作过程中，每个人都必须按照流程去做，按照每个流程顺序去做，环环相扣，这样就可以减少出错，避免犯错。

7. 跟踪质量细节，责任落实到人。产品质量问题落实到每个工作环节，落实到具体责任人。产品质量检验员、管理员应认真分析、严格管理。此外，公司应制定相关的奖罚措施，对于在生产质量方面有好的建议和方法的员工给予奖励，对于破坏产品质量的员工进行处罚。

8. 质量分析制度化。公司应定期组织相关部门、职工召开产品质量分析会，对近期出现的质量问题进行回顾，讨论、分析，找出出现问题的原因，并形成看板教材，避免以后再次出现同样的质量事故。

9. 注重员工思想情绪。员工的工作情绪直接影响到产品的质量，生产管理者不仅要在工作上帮助员工，在生活上也要帮助员工，让员工有一个良好的心态投入工作。

10. 推进科技创新。开展QC活动。由公司牵头，动员全公司、全体员工积极开展QC活动。比如，开展质量周、质量月活动，推行全面质量管理（TQM）等。公司还可聘请质量管理专家、标准化管理体系制定专家，制定我公司的质量管理标准化体系，力争通过ISO体系认证和实验室认可（CNAS认可），提升我公司在行业内的声誉。

11. 进行技术攻关。在生产过程中，遇到以前没有遇到过的设备故障、产品质量问题或反复出现同一个问题时，要召集各相关部门、人员进行讨论，或是请教专家，整理出一个最好的解决方案。

12. 推进技术革新。科技创新即技术创新，公司应重视科技创新，加大对科技创新的投入，积极鼓励员工自主创新，或与高校合作创新。工艺质检部每年开展一两个科研课题，并将科研结果公开发表或申请专利。

以上是工艺质检部对提升产品质量的一些建议。科学管理证明，持续改进，即可减少质量检测环节和产品返工现象，消除在制品、成品不必要的移动；合理安排生产计划，减少生产准备、换级时间，减少设备的意外停机时间，提高劳动生产率等，都是每个制造企业效益的源泉。

参考范文2：

××医院医疗质量管理文案

医疗质量管理是医院管理的重中之重，医疗质量直接关系到病人身体健康，也和医院的生存与发展息息相关。为了使医疗质量管理落实到位，不断持续改进，根据《医院管理年实施方案》及《三级综合性医院评审标准》的要求，制订以下方案：

一、质量管理的目的

通过科学的质量管理，建立严谨的工作制度，确保医疗质量与安全，杜绝医疗事故的发生，促进医院医疗技术水平、管理水平不断发展。

二、质量管理的目标

通过检查、分析、评价、反馈、整改一系列措施，达到医疗质量持续改进，不断提高本医院医疗质量水平，确保医疗安全。

三、健全质量管理及考核组织

（一）成立院科两级质量管理组织

1. 医院医疗质量管理委员会：由院长负责，分管院长、医务科、医院专家和临床、医技科室负责人为成员。

2. 科室医疗质量管理控制小组：由科主任、科秘书、副主任职称以上医师和护士长组成。

（二）管理制度和实施措施

1. 医院医疗质量管理委员会

（1）管理制度。医院医疗质量管理委员会管理制度见《医疗质量管理委员会工作制度》。

（2）实施措施。建立、修改年度质量控制目标值；医疗环节（流程）质量实时检查监控；病历书写质量检查；医技环节（流程）质量实时检查监控；医疗质量专题调研评价；医疗质量量化综合评价、总结报告；医疗过失、医疗纠纷、医疗事故分析、评价、教训总结与改进。

（3）考评内容、方式及奖惩见《医疗质量考评实施细则》。

2. 科室医疗质量管理控制小组

（1）管理制度。在医院医疗质量管理委员会的指导下，对本科室医疗质量进行经常性检查。重点是质量上的薄弱环节、不安全因素以及诊疗操作常规、医院规章制度、各级人员岗位职责的落实情况。根据检查情况提出奖惩意见，与目标管理考评挂钩，并作为年终评比、晋职晋级的依据。定期向医院医疗质量管理委员会报告本科室医疗质量管理工作情况以及对加强质量管理控制工作的意见和建议。督促、落实医院医疗质量管理委员会对本科提出的医疗质量存在问题的整改意见。每月至少召开一次科室医疗质量管理控制小组会议，分析探讨科内医疗质量状况、存在问题以及改进措施，做好会议记录。

（2）实施措施。定期组织科室医护人员学习医德规范，坚定救死扶伤、无私奉献的高尚医德；利用早会或其他时间经常性地组织学习医院各项规章制度、岗位职责、诊疗护理操作常规、相关法律、法规等，使医护人员能够熟知熟记，严格执行；根据科室具体情况，对容易发生医疗问题或纠纷的诊疗操作、技术项目等制定有针对性的防范、处理措施和应急预案，形成书面文字，经常性地组织学习；对医疗、护理工作进行随时监控，不定期抽查，发现问题及时处理并加以纠正，定期向医院医疗质量管理委员会进行口头或书面汇报。

四、环节（流程）质量实时检查控制管理办法

环节（流程）质量实时检查控制是医疗质量管理控制的重点，是预防医疗缺陷、减少医疗纠纷、全面提高医疗质量的重要手段。医疗质量实时控制有如下几种方法：

（一）控制方式

1. 前馈控制。通过住院病人的有关检查信息，在医师做出主要治疗前（如手术等）发现医疗偏差，及时纠正。

2. 现场控制。通过住院病人的动态诊疗信息发现医疗偏差。

3. 反馈控制。通过诊疗活动结果的分析，总结经验教训，不断提高诊疗的水平。

（二）检查手段

1. 逻辑功能检查。通过逻辑功能检查评价病案质量等。如手术病人应有术前讨论、手术记录、切口愈合等级、手术费等；疑难病例、死亡病例应有讨论记录等。

2. 病案调查。检查病历书写情况，评价病历质量。

3. 疾病相关检查。通过临床了解医技科室检查质量（阳性率），通过病理报告了解诊断符合率、医技科室检查阳性率等。

五、实施全程医疗质量管理与持续改进

1. 严格执行技术操作规范、常规和标准，加强基础医疗质量、环节医疗质量和终末医疗质量管理；认真执行医疗质量和医疗安全的核心制度；切实落实和督查首诊负责制、疑难病例讨论制度、会诊制度、危重病人抢救制度、手术分级制度、术前讨论制度、死亡病例讨论制度、分级护理制度、查对制度、病历书写基本规范与管理制度、交接班制度、临床用血审核制度、三级医师查房制度等医疗制度，在全程医疗质量管理中及时发现医疗质量和医疗安全隐患并进行动态监控。

2. 特别警惕"三个重点"的医疗安全防范：重点部门如急诊科、重症监护室等；重点环节如危重病人管理、手术期病人管理、有创诊疗操作等；重要岗位如临床值班、三级医师查房等。医院要采取督导检查、落实制度等多种方式保障重点部门、重点环节和重点岗位医疗质量安全。

3. 重点做好三大重点工作：①建立新的医疗质量考核体系；②合理检查；③合理用药。抓好四个重要环节：①进一步提高急诊质量；②进一步提高手术质量；③进一步提高医技质量；④进一步提高病历质量。加强四个层次管理：①抓好住院医师的规范化培训和管理；②加强主治医师的管理；③充分发挥三级查房督导团的作用；④加强高年资医师的管理。

4. 通过检查、反馈、评价、整改等措施，持续改进医疗质量。

六、切实加强医疗技术规范管理

1. 完善医疗技术准入、应用、监督、评价制度，并完善医疗技术意外处置预案和医疗技术风险预警机制，定期检查、督导及落实，坚决杜绝未经批准、或安全性和有效性未经临床实践证明的医疗技术在我院应用。

2. 严格审核与新开展的医疗技术或项目相适应的技术力量、设备与设施，实施确保病人安全的方案，并建立相应的管理制度，对新开展的医疗技术的安全、质量、疗效、费用等情况进行全程追踪管理和评价。

3. 新开展的医疗技术，必须符合伦理道德规范，充分尊重病人的知情权和选择权，特别注意病人安全的保护。

客户关系管理文案

最早提出客户关系管理（Customer Relationship Management，CRM）概念的国家是美国，在1980年初便有所谓的"接触管理"（Contact Management），即专门收集客户与公司联系的所有信息，到1990年则演变成包括电话服务中心支持资料分析的客户关怀（Customer care）。最近开始在企业电子商务中流行。

当前的客户关系管理集合了现今最新的信息技术，它们包括Internet和电子商务、多媒体技术、数据仓库和数据挖掘、专家系统和人工智能、呼叫中心等。作为应用软件的客户关系管理，凝聚了市场营销的管理理念。市场营销、销售管理、客户关怀、服务和支持构成了CRM软件的基石。

写作要点：

客户关系管理主要是制定客户管理的方法，而客户关系管理文案则是将这一方法用文字体现出来，它通过规范的程序和方法，使企业能够有计划、有步骤地开发、培育和维护对企业的生存和发展有重要战略意义的客户，建立和维护好持续的客户关系，帮助企业建立和确保竞争优势。客户关系管理文案使企业可以了解和把握直接和间接客户的基本情况，及时掌握和反馈客户信息，从而巩固原有客户，争取新客户，为企业的营销提供庞大稳定的客户群。

客户关系管理文案一般包括以下几方面内容：

1. 如何建立客户关系：对客户的认识、选择、开发（将目标客户和潜在客户开发为现实客户）。

2. 如何维护客户关系：对客户信息的掌握，对客户的分级，与客户进行互动与沟通，对客户进行满意度分析，并想办法实现客户的忠诚。

3. 在客户关系破裂的情况下，应该如何恢复客户关系，如何挽回已流失的客户。

4. 如何建设、应用客户关系管理软件系统，如何应用呼叫中心、数据仓库、数据挖掘、商务智能、因特网、电子商务、移动设备、无线设备等现代化技术工具来辅助客户关系管理。

5. 如何进行基于客户关系管理理念下的销售、营销、以及客户服务与支持的业务流程重组，如何实现客户关系管理系统与其他信息化技术手段（如ERP、OA、SCM、KMS）的协同与整合。

参考范文：

××企业客户关系管理文案

一、前言

怎样在竞争激烈的环境中寻找有利的机会？怎样建立持久的客户关系，并不断开发新的客户群体？如何最大限度的减少成本，收获高额的利润？这是每家企业在市场营销过程中都要面临解决的问题。

××提供了一整套的应用软件和技术帮助企业完成从"以产品为中心"的模式向"以客户为中心"的模式转移。它通过采用数据仓库和联机分析技术、Internet技术提供了一套对市场营销、销售和服务的企业前端应用解决方案。它还通过与××、××等企业后台系统的集成，使企业能真正地在一个闭环系统中有效地运行。

二、企业运行体系

客户关系管理系统主要包括以下几个子系统：客户分析、销售分析、销售管理、销售预测、售后服务、Web销售、移动销售、客户自我服务、发运管理、客户关怀等。

1. 客户分析。对客户做基本元素的分析；客户购买行为分析，从而能更好地采取客户策略；客户产品利用率分析，了解产品的可用程度；客户行为分析，以确定客户的购买群；通过客户关系的持续时间和客户消耗产品量和对客户服务的时间分析客户忠诚度；对客户购买频率的分析；对客户关系持续时间的分析；对客户产品范围的分析；对客户摩擦的分析；对客户保持率的分析；通过对客户诉苦、称赞以及对故障报告、维修记录的分析，可得到客户关怀的分析，以保持和客户的良好关系；客户抱怨分析；客户咨询分析；客户建议分析；客户观点分析；客户满意分析。

2. 销售分析管理。从各种分析角度和层次分析销售指标：销售产品分析：通过对产品、时间和销售渠道分析各种产品销售额、销售成本等指标；销售业绩分析：提供各个部门、各个人员的销售指标的分析；销售考核分析：找出最有成效的销售部门、销售人员，以指定相应的员工激励制度；销售客户分析：分析产品参数和客户间的关系；客户满意度分析：通过对12个月中客户的果断度来判定客户的满意程度；客户忠诚度分析：通过分析客户的使用模式和产品保持率来判定客户的忠诚度，从而指导客户策略；客户潜在分析：通过对相似特性客户的产品分析找到未购买产品的客户，指导一对一营销。

3. 移动销售管理。通过Internet，随时得到生产、库存的信息；对用户资料进行全面管理，通过网络进行数据的查询和上载；实时查询价格管理信息，以指定客户价格策略；实时对订单进行跟踪处理，在网上完成订单的处理。

4. Web销售管理。客户通过Web进行订单的录入和维护；对录入的定单的确认；客户对已执行的订单进行Web查询，无论订单是采用何种方式产生的；客户对已发的货物进行Web方式的在途查询。

5. 销售管理。灵活定义销售阶段和过程；销售过程的状态转换；对目标客户形成项目进行跟踪、分配和管理；跟踪的项目可进行实时监控，保证项目的顺利进行；将可产生订单的项目转成订单；订单的管理，包括订单的录入、维护、查询、确认和统计；维护各种折扣数据和各种销售价格；对订单的执行状态的跟踪，确定是在生产、装配、采购、发运的哪个状态；对订单资金信息的查询和跟踪，包括应收款、运杂等信息。

6. 销售预测管理。根据销售分析结果，以及客户分析结果选择产品和市场用于预测生成；选择用于预测的历史数据；使用多种预测方法自动生成预测结果；对预测结果进行调整；跟踪预测绩效；将预测的结果转为计划；将计划提供给采购部门和生产部门，以指导生产计划。

7. Web自我服务。全方位Internet的应用；与售后服务共享信息；客户实时的订单状态查询；网上对售后服务的输入、修改和查询；查询企业的资料库，包括产品、服务的内容以及各种解决故障的办法；客户问题的回答。

8. 售后服务管理。客户信息的维护和管理；产品质量的跟踪，并把故障分析数据反馈给质量管理系统；维修人员的预约、调度和派遣事务；建立售后服务档案，对售后每一次服务进行维护和跟踪；对产品的使用情况进行记录和维护；提醒客户服务代表何时何地应该对客户进行何种技术支持。

9. 客户关怀。自动提示应该对哪些客户进行客户关怀服务；在每一次维修后对客户进行调查，收集客户对维修的满意度；倾听客户的抱怨，把相关数据收集到系统中，作为改进服务和提高产品质量的依据；倾听客户的建议和观点，作为产品和服务质量改进的依据。

第五章 营销推广文案

广告文案

在广告设计中，文案与图案图形同等重要，图形具有前期的冲击力，广告文案具有较深的影响力。广告文案的写作要求有较强的应用写作的能力。广告文案有广义与狭义之说。广义的广告文案是指广告作品的全部，它不仅包括语言文字部分，还包括图画等部分。狭义的广告文案仅指广告作品的语言文字部分。

写作要点：

广告文案写作是一个创意实现的过程，在这个过程中，广告文案人员要在广告文案写作的特殊原则、特殊条件下，对广告创意策略和表现策略进行语言文字的表现。这个广告作品是直接与目标受众产生沟通的中介。因此，广告文案写作过程是一个发展创意、表达创意的过程，是一个运用语言文字与目标受众沟通的过程。

撰写广告文案有以下几点要求：

1. 要求广告文案中语言表达规范完整，避免语法错误或表达残缺。

2. 广告文案中所使用的语言要准确无误，避免产生歧义或误解。

3. 广告文案中的语言要符合语言表达习惯，不可生搬硬套，自己创造众所不知的词汇。

4. 广告文案中的语言要尽量通俗化、大众化，避免使用冷僻以及过于专业化的词语。

此外，广告文案的内容应突出以下几个特点：

1. 主题鲜明、彰显特色。广告文案要体现出产品的与众不同和差异化才会引起消费者关注，才能吸引他们消费和购买。

2. 富有创意、容易记忆。广告文案其实就是产品的服饰，要对消费者的视觉有一种冲击力，颜色款式、大小胖瘦都很适中，能够衬托出应有的特色，才能被消费者接受并且记住。同时，要注意最好不要采用夸张或者特别另类的表达方式，而忽略了产品自身的特点，过于强调表现的形式，反而违背了宣传的初衷。

3. 简洁明了、精准概括。广告文案一定要采用恰当的语言，要简洁明了并通俗易懂。首先，要用精炼的文字表达出产品的特色，体现出最好的效果。其次，简明精练的广告文案可以让消费者记住要宣传的内容，起到画龙点睛的作用。第三，尽量不用复杂难懂的长句，以防止消费者看不懂或者产生排斥情绪。

4. 合理合法、宣传有效。广告文案中的第一要素是合理合法。要采用最适宜的宣传方式、最恰当的宣传时间、最具特色的广告文案才能达到最好的传播效应。

参考范文：

××公司××产品广告文案

一、前言

××公司始创于××年，××公司的××产品在很多国家都有极大的影响力。根据有关数据统计，公司全年销售额为××亿美元。在《××》杂志最新评选出的全球××家最大工业企业中，排名第××位，并位列最受尊敬企业第××名。××公司全球雇员近××万，在全球××个国家设有工厂及分公司，所经营的××个品牌的产品畅销××个国家和地区，其中包括××、××、××等用品。

××牙膏是××公司推出的新产品，为配合××公司的牙膏市场推进计划，特进行本次广告文案撰写，本次文案将为××牙膏塑造独特的市场形象，并以全新的方式推向市场。

二、广告前期的市场分析

（一）消费者分析

虽然牙膏只是一种家庭消费品，但随着国外品牌的渗入，国内与国外品牌之间在消费群结构上开始出现差异：国产品牌牙膏的主要消费群为低收入者以及中老年人；而国外品牌的牙膏的消费群则偏向于年轻人或中高收入者。造成以上差异的原因可能有以下两点：

1. 品牌分析

（1）中外品牌价格有差距。尽管××等品牌在近几年产品线延伸到了各消费层，但相对于国产品牌来说，价格还是高了些许。对于一般的消费者来说，使用国产牙膏已经可以满足基本的清洁需求，也算得上是价廉物美了。

（2）不同年龄段的消费习惯不一样。对于中老年人来说，改变这种习惯是很难的，特别是对于一种使用了十几年甚至几十年的产品，这些品牌早已在他们的内心根深蒂固，要想让他们接受新事物难度较大。

2. 消费区域特征分析

（1）一线品牌覆盖全国各地。××产品在全国各地都占据了主要的市场地位。

（2）二线品牌具有明显的区域特征。

（二）市场发展趋势分析

目前，彩电、空调等的价格战正打的如火如荼。其实国内牙膏的市场竞争一点也不亚于一些大件商品的竞争。××产品牙膏突然降价的消息在牙膏同行内就已掀起了风波。但面对××产品此次的降价行动，业内人士称牙膏市场暗战激烈，但整体价格却难波动。

中国牙膏市场长期以来被国有品牌所垄断。××产品、××产品、××产品等三大品牌一直以来分享了中国庞大的牙膏市场。

外资品牌面对牙膏这一高利润的行业，当然不甘心放弃这个大蛋糕，近一两年来，一下子冲出了几个外资品牌，如××产品、××产品、××产品等，其以巨大的广告费作为辅垫，誓要与国产品牌争一高低。

中国消费者的健康观念在不断的改变，对自己及家人的照顾从口腔开始的广告信息不断充斥影响各人的消费购买行为，从以往的单一清洁牙齿到补钙、防酸、防蛀等，各种各样名目的新牙膏产品如雨后春笋般涌现，令人一时眼花缭乱。中国市场从原来的三国鼎立的局面一下子被划分的七零八落，出现了各品牌重新洗牌的现象。

靠单一的降价来换取销售量的上升，是十分危险的营销手段。相关专家分析指出，在消费层次多元化、消费观念国际化的今天，会有越来越多的人接受价高质优的观念，国内品牌在以优质价廉稳住广大实惠消费群体的同时，也不要把高消费群体市场消极放弃。

（三）未来产品发展趋势

几年前，国外品牌的进入从本质上改变了中国牙膏市场的竞争格局，如今，这些已经奠定了坚固市场根基的国际品牌依然保持着旺盛的生命力，而又一批国外品牌也进入了中国市场，准备掀起下一轮的竞争。相比之下，国产品牌势头较弱。在今后的牙膏市场中，上演的应该是国外品牌之间的争夺，市场份额将被重新划分。

（四）现有市场竞争格局发展

1. 二线品牌竞争激烈：××产品、××产品、××产品等老品牌虽已风光不再，但凭借原有的品牌优势依然占据了一席之地，而不少国外品牌如新品牌××产品也开始瞄准中国市场大力推广，由此造成了二线品牌的激烈竞争态势。从成长指标来看，新兴国外品牌可谓是后势十足，发展前景良好。

2. 第一梯队优势明显：××产品稳居榜首，××产品紧随其后，这两个品牌占据了大部分市场份额。在人们的心目中，××产品、××产品几乎成了牙膏的代名词。短短的几年中，这两个品牌已将国产老品牌远远抛在后面，成为了中国牙膏市场的领导品牌。而老品牌××产品经过了重新品牌定位和包装之后，也重焕光彩。

（五）总结市场发展状况

××年，全国牙膏产量达到××亿支，比××年增长了××倍，年人均使用量提高到了××支，有关专家预计，××年中国牙膏产量将达到××亿支，××年将达到××亿支。

近20年来，中国牙膏市场大致经历了4个阶段：

第一阶段（19××—20××年）：国内品牌三足鼎立

19××年到20××年期间，××、××和××三大国产品牌一直分享了中国庞大的牙膏市场。但三大品牌几乎没有正面竞争，各居一隅，分别占据着东部、南部和西部市场，相安无事。

第二阶段（20××—20××年）：洋品牌小试牛刀

20××年，世界最大的牙膏品牌××进入中国市场，20××年××公司的××牙膏进入中国。在这一阶段，由于外国品牌的价格过高（约为国产品牌的××倍左右），他们仅仅进入了沿海大中城市的高端市场。

第三阶段（20××—20××年）：洋品牌洗牌中国市场

外资品牌完全改变了中国牙膏市场格局：一方面通过收购国产品牌来取得市场份额和渠道，如××从××企业牙膏厂取得了××产品和××产品的品牌经营权；另一方面通过出色的营销手段及价格调整，让大众接受自己。20××年，国内牙膏10强品牌中外资品牌仅占两席，到20××年已经增至四席，20××年更是增加到了六席。而××产品等昔日国产名牌整体陷入颓势。

第四阶段（××年）：中国牙膏品牌寻求突破

××产品、××产品、××产品等国内品牌在经历了一轮市场洗礼后，营销手段和品牌管理理念日渐成熟。他们避开与外国品牌的正面交锋，在中老年口腔护理和中草药护理等细分市场上大做文章，取得了不错的效果。

三、通过广告打造品牌战略

1. ××产品一直占据着牙膏高端市场。近年来，由于人们生活水平的提高和消费习惯的改变，消费者对价格的敏感程度下降，对品牌的偏好程度加强，××产品更是牢牢地占领了牙膏市场份额第一的位置。通过与中国牙防协会等医疗机构的合作，以及广告中身着白大褂的牙医对消费者的谆谆诱导，××在中国消费者心目中树立起了牙科专家的品牌形象。

2. ××是××地区著名的牙膏品牌，它能在竞争激烈的市场中生存下来，当初的产品定位和广告宣传功不可没。××的广告主题在很长时间里一直集中在向受众表达，××产品能解除牙齿遇到冷热酸甜后所遭受的痛苦。这使得××品牌被牢固定位于药物牙膏上，并成为了这方面的第一品牌。20世纪90年代中期以后，在××、××等品牌的大举进攻下，××产品仍然坚持了已有的正确主题与定位，提炼出了一句带给受众直接利益的口号：想吃就吃，××品牌牙膏，进一步强化了产品的诉求点，从而稳固了自己的市场份额。但可惜的是，后来××产品的口号，以及多次广告策略的失败，让××品牌牙膏痛失了不少市场份额。

四、要重点分析产品特色

××公司为回报广大消费者，特生产出一款牙膏，外型设计独特，牙膏口比其它产品大，牙膏是液体，这样的设计为了便于消费者使用，也便于消费者养成节俭的作风。这款牙膏有水果香型、薄荷型，能24小时全天为顾客服务，白天让人口气清新，散发自信的魅力，夜晚它会消灭牙齿中的病菌，维护牙齿的健康，有各种克数的牙膏供顾客选择。

五、广告对营销战略的影响

1. 营销目标

（1）短期目标：通过宣传使消费者认识该产品，并产生购买行为。

（2）长期目标：使消费者对该产品品牌拥有较强的忠诚度。

2. 市场策略

（1）产品定位：让消费者节俭，从产品出发让消费者能做到节俭。

（2）诉求对象：单身青年和青少年。

（3）广告主题："××使用最节约"。

六、广告表现

1. 非媒介

（1）针对青少年

①把各种节约的典故编成儿歌，歌颂节约美德。

②在各小学树立节约美德，评选节约美德先锋队员（例如：颁发证书、奖品等）。

③节假日儿童自己购买××牙膏儿童装，可以半价购买（销售地点：各小学门口，公交车站）。

（2）针对青年

①产品推出一段时间后，可以在指定日期用旧牙膏换新牙膏。

②可以定期搞优惠或兑奖活动。

2. 媒介

（1）电视

全国性：CCTV-1、CCTV-5、CCTV-6、CCTV-8。

地方性：××电视台、××电视台、××电视台。

（2）报纸

专业类：《××经济报》《××导报》等。

综合类：《××电视报》《××青年报》《××报》、地区性日报、地区性晚报等。

（3）杂志

专业类：《销售与市场》等。

综合类：《少男少女》《读者》《意林》《××文摘》等。

（4）户外广告

各个目标市场的路牌、灯箱和车身。

（5）媒体广告预算

报纸广告预算：××万元人民币。

杂志广告预算：××万元人民币。

电视广告预算：××万元人民币。

户外广告预算：××万元人民币。

合计：××万元人民币。

七、公关营销策略

（一）目的

公关营销的最终目的是提高企业效益；最高的目的是服务公众，贡献社会；具体的目的是让公众了解本公司，让本公司了解公众，了解他们的真正需要，公众对产品的意见反馈和建议。

（二）活动策划

1. 产品上市新闻发布会。以提倡节约新起点为主题进行，向公众宣布一种新起点的诞生。

2. 牙膏试用。向目标市场的消费者发放××支牙膏，并记录下使用者的数据，宣传"提倡节约新起点"的主题。

八、效果预测、评估

售前：我们采用向消费者促销的方式。

售中：利用媒介和非媒介一起向消费者介绍××牙膏。

售后：对广告效果进行整体评估。

促销文案

促销文案指的是制订各项促销计划及措施，通过各种促销的方式，向消费者或用户传递产品信息，以引起他们的注意和兴趣，激发他们的购买欲望和购买行为，以达到增加销售的目的。

写作要点：

随着市场竞争的加剧，针对消费者的促销活动在营销环节中的地位已越来越重要。据统计，国内企业的促销活动费用与广告费用的百分比达到6：4。正如一份缜密的作战方案在很大程度上决定着战争的胜负一样，一份系统全面的促销文案是促销活动成功的保障。

一般来说，促销文案应包括以下内容：

1. **活动目的**：对市场现状及活动目的进行阐述。

2. **活动对象**：这些选择的正确与否会直接影响到促销的最终效果。

3. **活动时间和地点**：促销活动的时间和地点选择得当会事半功倍，选择不当则会费力不讨好。

4. **活动主题**：这一部分是促销活动方案的核心部分，应该力求创新，使活动具有震撼力和排他性。

5. **活动配合**：一个成功的促销活动，需要全方位的广告配合。

6. **前期准备**：前期准备分三块，即人员安排、物资准备和试验方案。

7. **中期操作**：中期操作主要是活动纪律和现场控制。

8. **后期延续**：后期延续主要是媒体宣传，如对这次活动将采取何种方式，在哪些媒体进行后续宣传等问题。

9. **费用预算**：没有利益就没有存在的意义。对促销活动的费用投入和产出应作出预算。

10. 效果预估： 预测这次活动会达到什么样的效果，以利于活动结束后与实际情况进行比较。

参考范文 1：

××超市中秋节与国庆节促销活动文案

一、活动目的

中秋节是中国传统三大节日之一，国庆节是法定的长假。本次活动分为"中秋篇"与"国庆篇"。中秋篇围绕"中秋情浓意更浓"这个活动主线，全力突出中秋节的"团圆""情意""礼品"三大节日特征，利用极富人情味的活动来打动消费者。而国庆篇则以"欢乐国庆欢乐颂"为主线，分"幸运""实惠""会员""时尚"四个系列进行，通过国庆系列商品促销活动，我们将力求既争取商品的销售高峰，又赢得个性化的商品口碑、价格口碑，从而真正做深做透我们的节假日市场。

二、活动时间

××年9月1日—××年10月8日

7号就结束了国庆长假，而中秋送礼、吃团圆饭是在6号之前的事，所以此次活动的时间定为以上时间。

三、活动主题

"同喜同贺中秋国庆，同欢同乐精彩××"。

四、活动内容

中秋篇："欢乐中秋，情浓意浓"

1. ××年中秋美食节——月饼展

结合美食节举办"名月贺中秋——名牌月饼大联展"，集中推出名牌月饼——厂家各具特色、口味各异的新款月饼。

2. ××年滋补保健品节

中秋节历来就是保健品的销售旺季，尤其是经过近几年保健品广告大规模"送礼送健康"的宣传，中秋节送礼选择保健品的消费者已越来越多，从另一方面看，由于保健品具有相当丰厚的利润空间，故而供应商无论是在促销，还是在配合上力度都是相当大的。

因此，充分整合各保健品厂家的中秋促销活动，开展一届滋补保健品节，一方面可以有效降低促销成本，另一方面也可以有效刺激保健品在节日期间的销售。

3．××年名酒名特产荟萃展

中秋节本来就是酒的销售旺季，再加之国庆婚宴高峰，酒的消费潜力相当大，因此通过开展名酒名特产荟萃展可以进一步刺激酒销售额的增长。

4．"××送情意，中秋礼上礼"

凡在本超市购月饼或滋补品满200元，即送精美礼品一份。（礼品建议为红酒、打火机等时尚物品）

国庆篇："欢乐国庆欢乐颂，××大礼乐翻天"

1．"欢乐幸运颂"

幸运转盘转不停，大礼连连送！

凡在本超市购物满66元以上的顾客皆有转动幸运转盘一次的机会，132元两次，以此类推，可得到指针指中的相应的奖品。

2．"欢乐实惠颂"

国庆7天假，每天推出一款超惊爆价，让顾客能感到实实在在的实惠。

3．"欢乐会员颂"

推出数百种会员商品，让会员能感到，拿会员卡与不拿会员卡有实质的不同。让不是会员的顾客看到会员的好处，也想成为我们的会员。要让本超市的会员卡变成随身必带的物品之一。

4．"欢乐时尚颂"

时尚家纺又送礼，开心赠券送不停！

凡在家纺购物满100元，便可得到20元的家纺购物券一张。购物200元可得到两张，以此类推！（建议：家纺可以针对国庆婚庆高潮，以套餐形式刺激新婚夫妇成套购买。）

五、活动配合

采购处：与供应商洽谈活动、赠品的相关事宜。

营运处：场地的提供。

企划处：场地的布置，dm的制作与发放，活动的监督执行。

六、DM宣传单

制作页面为大4开、8面，费用约为0.6万元。

具体内容根据公司总体安排。

参考范文2：

××保健品"五一"促销活动方案

一、活动背景

"五一"劳动节是我国广大老百姓传统节日，这样一个节日寄托了一份对老百姓感激和深情的祝福，希望广大劳动人民健康、快乐。今天"劳动"的概念已经得到很大延伸和创新，更多体现劳动人民的智慧和勤奋，同时也衬托拥有健康才能更好享受智慧的成果。这样一个含义与我们企业的经营理念"融古今智慧，创健康人生"一脉相承。经过劳动人民千年来努力，才有今天的××系列产品丰富延伸和创新，它积攒了多少劳动者的光荣与梦想，它是智慧的结晶，承载着人类健康的使命！在这样一个具有深刻意义的节日，××更渴望表达她的报答之情！彰显我们品牌的价值！

二、活动主题

触摸"五一"，体验"××"——××情系百姓

三、活动目的

1. 利用节日消费高峰，提高销量。

2. 借势推广产品，促进认知。

3. 回馈广大消费者，建立忠诚度。

4. 加强与终端合作，改善彼此客情。

四、活动时间

20××年××月××日—20××年××月××日

五、活动产品

辅助产品：××口服液、××口服液、××蜂蜜（这几个产品根据每个城市基础情况而定）

六、活动城市（以分公司为单位）

××市、××市、××市、××市

（不要仅局限于这四个城市，其他城市只要条件允许都可开展，特别是一些先进的商超终端，要充分利用此次活动，在终端形成一定的影响，给到终端对产品的信心，打好入场的基础）

七、活动规划

（一）活动内容

1. 凡在活动期限内购买××保健系列品满××元，就可参加我们的《触摸"五一"赢幸运摸奖活动》××次。

2. 凡在活动期限内购买××保健系列品满××元，就可参加我们的《触摸"五一"赢幸运摸奖活动》××次。

3. 凡在活动期限内购买××保健系列品满××元，就可参加我们的《触摸"五一"赢幸运摸奖活动》××次。

4. 凡在活动期限内购买××保健系列品满××元，就可参加我们的《触摸"五一"赢幸运摸奖活动》××次。

5. 凡在活动期限内购买××保健系列品满××元，就可参加我们的《触摸"五一"赢幸运摸奖活动》××次，最多××次。

6. 活动的解释权归××股份有限公司所有。

（二）活动形式

1. 每个有促销员的终端设一个摸奖箱，摸奖箱用kT板制作（长××cm，宽××cm，高××cm），摸奖箱四个面：两个面为企业的LOGO；另两个面为《触摸"五一"赢幸运》字样。

2. 每个摸奖箱放××个乒乓球，乒乓球上标志设计为"五""一""五一""幸运"字样，请用不褪色的水笔写。

3. 乒乓球上（字样标志）分配：××个球上写"五"；××个球上写"一"；××个球上写"五一"；另外××个球上写"幸运"。

4. 乒乓球的形式可以用其他东西代替（各分公司可以考虑，节约成本）。

（三）奖项设计

1. 一等奖的标志为"五一"，奖品为价值××元的××保健品。

2. 二等奖的标志为"一"，奖品为价值××元的××保健品。

3. 三等奖的标志为"五"，奖品为价值××元的××保健品。

4. 四等奖的标志为"幸运"，奖品为价值××元的××保健品（××g）。

（四）补充说明

1. 本活动可以结合终端进行联合促销，例如购买本终端产品满××元以上（其他保健品除外）也可参加本公司活动一次，最多为一次。目的是让终端对我们活动有一个很好的配合，同时也为增进彼此的客情，为未来的合作打下基础。

2. 本次参加活动消费者必须凭电脑小票或收银条（具体控制方法各分公司可根据当地情况自行调整）。

八、促销价格策略

1. 经销商控制的终端：要求经销商给予活动的配合在供应价经常让利××%~××%或由我们与经销共同让利××%~××%。

2. 我们直营的终端：在供应价的基础上让利××%~××%。

3. 不管是经销还是直营的门店都要争取终端同时让利，要求他们也给予××%~××%点让利，这样才能在终端形成一定的价格优势，做到互惠互利，共同争取更多的消费者，回馈我们的顾客！

九、活动终端要求

1. 每个城市根据现有的资源和能力准确安排本次活动的点，作为活动点应具备的基本条件：

（1）现有产品结构比较合理，特别要有足够的礼盒陈列。

（2）此店在活动期间要有堆头展示，同时能配备导购小姐，至少保证××天××名。

（3）此店要有足够的人流量，产品在该店铺要有一定销售基础。

（4）需要有良好的客情关系，能配合本次活动的有效执行。

2. 在此店要有重点产品的DM单支持，同时在DM单上告知活动内容。

3. 终端的布置设计有以下几个步骤：

（1）在店门口要有活动的告知（比如海报或kT板展示活动内容或伊拉宝告知活动内容）。

（2）在店门口要有赠品展示台和发奖人员同时兼顾活动宣传单页的发放。

（3）店内的堆头上要尽可能贴上本公司活动海报，彰显活动气氛。

（4）在店内堆头上要放上摸奖箱/赠品进行展示，激发消费者购买欲望。

（5）店内堆头上要摆放活动宣传单页，以便顾客取阅。

4. 在活动开始前××天，需要在目标终端附近的小区进行目标人群的活动宣传单派发，扩大活动的目标影响力。

十、经销商配合内容

1. 保证活动期间的活动产品库存，特别畅销产品量要备足，本公司需要与经销商讲解活动的意义，使之从行动上真正参与本次活动。

2. 与经销商就终端活动内容进行沟通，确保本次活动顺利开展。

3. 经销商需协助促销员的进场手续办理。

4. 经销商为本次活动给予一定促销让利（建议××%），本公司再让××%，保证价格优势，同时配合DM单的产品特价和活动内容告知。

5. 保证物流的畅通，及时补给活动产品，提升销售。

十一、宣传物料

1. 活动宣传单页。

2. 活动海报。（设计由企划部完成，印刷和发放由保健品事业部完成）

3. 分公司可以根据自身的一些宣传资源丰富终端的布置。

十二、控制点

1. 产品进场。

2. 促销员招聘、进场、培训。

3. DM单的谈判。

十三、效果预估

1. 促进现有产品的销售。

2. 提升产品的知晓度。

3. 树立彼此的信心。

新产品开发文案

新产品开发指的是从研究选择适应市场需要的产品开始到产品设计、工艺制造设计，直到投入正常生产的一系列决策过程。从广义上来说，新产品开发既包括新产品的研制也包括原有的老产品改进与换代。新产品开发是企业研究与开发的重点内容，也是企业生存和发展的核心手段之一。

现代企业制度条件下，研究、开发和推出一项新的产品或服务，文案的作用尤为重要。一个酝酿中的产品开发项目，要么是至今还不存在的一个主观概念，要么是难以窥其全貌的稀缺事物，形象往往很模糊。通过制订新产品开发计划，可以使项目管理者对自己的项目有更清晰的认识，重大项目还要据此说服董事会，同时也可作为向银行或其他投资者筹集资金的辅助文件。

写作要点：

新产品开发文案主要由以下模块组成：背景分析，新产品的品种、规格、品牌知名度的分析，行业内的竞争状况，产品的客户情况，产品定位，价格策略，渠道建设，费用预算，推广效果测评等方面的综合判断与分析。

参考范文：

××摩托车新产品开发文案

一、宏观市场分析

当前，企业的核心竞争力是品牌、核心技术与研发实力，而纯粹的产品、价格、服务的竞争已成为企业的辅助手段，加上×月××日即将执行的国家宏观政策，这对××企业来说都无疑是雪上加霜。国内的一线品牌及合资品牌，他们都有十分雄厚的资金实力和产品研发实力，更有优秀的渠道支持、完善的服务和健全的配套体系。因此，他们有着较强的抵抗风险的能力，对他们来说不是没有竞争压力，而是他们有非常雄厚基础作保障。二、三线品牌应如何走出目前的困境呢？这是所有二、三线品牌以及缺乏品牌的企业必须要面对并解决的问题。

二、产品和市场需求相结合

××品牌前期车型所有部件采用的是全进口，而在国内所有的合资品牌中尚属先例（其他合资品牌采取技术合作、资金合作、发动机进口或部分部件进口等方式），这恰好为我们的产品定位提供了支撑和保障。因此，建议××品牌定位为高端、形象产品切入市场，在国内同行业同类产品中以领导者的身份出现。随着部件的国产化的推进，逐渐对其定位做出相应调整。

三、明确营销目标

通过对××品牌的上市推广，我们拟将达到以下效果：

1. 提高公司的抗风险能力和市场综合竞争力。
2. 充分汲取××公司的管理精髓，从而提高公司的综合管理水平。
3. 通过××部件的国产化，从而提高公司的赢利水平。
4. 不断总结出一套合资品牌、高端产品的市场推广经验。
5. 刺激渠道成员（包括代理商、零售商）的经营积极性。
6. 提高营销队伍的市场操作能力和水平。
7. 提升××品牌摩托车的品牌形象。
8. 优化目前的销售网络（针对××的上市推广，我们将建立网络准入、准出制度，对不符合准入要求的经销商进行取消其经营××的资格，对符合要求的非××网络进行广泛的汲取）。

四、消费群定位

由于××产品定位是高端、形象产品，一般的消费群体特别是农村消费群体购买力将大大减弱。消费群体具体定位如下：

1. 年龄段：××～××岁之间。
2. 消费者嗜好：热忠韩国文化及韩剧的追星族、摩托车追星族、玩车族及摩托车运动爱好者。

3. 家庭年收入：家庭年收入在××元～××元之间的白领阶层。

五、市场状况分析

1. 行业发展情况分析

自20××年以来，行业的竞争方式由价格竞争转变为品牌和品质的竞争。合资品牌及国产一线品牌凭借雄厚的品牌优势和渠道优势一次次发力，特别是××凭借自己合资品牌形象以及优良的品质一举突破百万台大关（20××年国内销量实现××万台），遥遥领先于行业其他品牌；××、××、××等合资品牌同样异军突起，销量较20××年实现了翻番；国产一线品牌在加大自主知识产权产品研发的同时，稳扎稳打，也闯出了属于自己的一片天空。二、三线品牌由于缺乏以上优势，总摆脱不了价格战的纠缠，只能降价、降价再降价；最后结果是利润一落千丈，公司的发展陷入瓶颈，处于进退两难之境界。同时，×月×日即将执行的标准及合格证网上管理，又让摩托车生产企业雪上加霜。

2. 锁定的竞争对手分析

目前，日资品牌在中国市场可以说是横行天下，产品线从××延伸到××甚至更大排量，价格也调整到市场及消费者普遍可以接受的区间。

3. 优劣势分析

第一，障碍分析。

（1）渠道障碍：现在的渠道很难肩负起推广高端产品的任务，部分渠道需要重新筛选。

（2）销售障碍：××在国内的知名度太低，加之城市限牌。

（3）推广障碍：日本体系的几大品牌在国内的销售非常强大，有很高的市场占有率。

（4）价格障碍：在国内销售的××的车型中，价格在××元以上的几乎没有。

第二，劣势分析。

（1）韩国××品牌在国内知名度非常低，可能只有行业人士知晓；消费者需要一个接受时间和过程。

（2）××品牌知名度还需要培养，与合资品牌及一线品牌比较仍存在很大差距。

（3）××渠道（包括代理商和零售商）很难支撑××—××这样的高端产品。

第三，机会分析。

（1）随着国家宏观政策的规范及迫于外界压力，禁、限摩城市将被取缔；城市消费量将大大增加（而城市消费正好为××—××产品的销售打开了一条通道）。

（2）韩国××的产品已经面市，为我们作了前期宣传（他们的产品价格远高于我们的产品价格）。

（3）国内消费者普遍认可合资品牌的产品，特别是纯进口产品。

（4）韩国的产品在市场上无竞争对手作比较，而且与日本产品在款式和追求方面有很大差异（韩国追求的是时尚感）。

第四，优势分析。

（1）××—××产品所有部件采取的是纯进口，在摩托车行业尚属首例。

（2）××是国内唯一一家获得了国际摩联许可的摩托车生产企业。

（3）我们的产品质量有绝对优势。

（4）××品牌在国内市场甚至国外市场都拥有一定的市场知名度和销售网络。

（5）××等离子摩托作为高端产品已经得到了市场的认可，为××—××产品的上市做好了前期铺垫。

4. 增强知识产权保护意识分析

随着市场环境的不断变化，国内一线品牌以及合资品牌将对侵权厂家给予毁灭性打击；政府也会采取各种措施和手段加强自主知识产权的保护。而××品牌的所有产品从一开始就完全拥有自主知识产权，为此，我们从××品牌推向市场的第一天起，将重点打自主知识产权这张王牌："一是加大对知识产权的宣传力度，二是对侵权的品牌给予严厉的打击决不手软"。通过对知识产权的宣传和打击提升××的品牌形象。

六、产品远景

1. 产品成长期：20××年×月××日—20××年×月××日。

在此期间，××的销售网络逐步完善，销量与日俱增；另外，我们也将视市场的变化逐步引进××的其他车型以满足市场需求。同时，我们将加大力度对××车型零部件进行国产化，从而降低整车进口成本；力争在20××年年底使国产化部件达到60%以上，××品牌成为公司的主要赢利产品之一。

2. 产品推广期：×月××日—××月××日。

按照准入制度的要求，对经营××品牌的代理商及零售商进行考察（成熟一家建立一家，而并非全面开花），对符合准入制度的代理商、零售商，公司将邀请其加盟××品牌的销售或代理。公司也将出台一系列政策（包括价格政策、促销政策、广告支持政策、开通绿色服务等）予以支持。

3. 产品切入期：×月××日。

召集全国的代理商及部分零售商、相关媒体、政界要员（最好有韩国大使馆或领事馆的官员）以及相关的权威人士在重庆召开××品牌上市发布会；我们也将以此为契机将××推向市场。

4. 产品导入期：×月××日—×月××日。

在此期间，我们将把××品牌（特别是韩国××的产品优势、技术优势以及韩国的文化等）以软文报道或故事情节连载的方式在行业媒体进行发布，同时，我们将在内部网站及行业媒体发布招商信息，达到预热的目的。

5. 产品成熟期：20××年×月××日—20××年×月××日。

××品牌国内销售车型80%以上的零部件实现了国产化，采购成本大幅度降低，价格已经能适应市场的消费需求，消费者普遍认可××品牌，××的品牌形象也同步得到了空前提升；销量突飞猛进（年销售量达到×万~××万台）并步入一线品牌之列。因为零部件国产化程度的提高，工厂与渠道成员得到了很高的利润回报。

第六章 营销渠道文案

分销渠道设计文案

　　分销渠道设计指的是建立此前从未存在过的分销渠道或对已经存在的渠道进行变更的营销活动。有效的渠道设计，应以确定企业所要达到的市场为起点。从原则上讲，目标市场的选择并不是渠道设计的问题。但事实上市场选择与渠道是相互依存的。有利的市场加上有利的渠道，才可能使企业获得利润。

　　建立分销渠道是企业的一种战略性目标，产品销售、品牌形象、客户服务所有影响到企业发展的因素都要考虑进去，分销渠道中的合作伙伴的利益，发展机会也都要考虑进去。不管分销商是否专注到自己这个企业的产品上，以企业为核心的分销渠道实际上是一个战略联盟圈，这个战略联盟的利益越是趋向一致，产生的效益也就越大。

写作要点：

　　影响企业分销渠道的因素十分复杂，包括市场因素、竞争因素、中间商因素、企业因素和环境因素。企业在决定采取何种渠道之前，必须在对所有相关的因素进行系统分析、综合研究的基础上，把握经济、竞争、消费者满意、可控、应变等原则，从中筛选出最佳的分销渠道。设计渠道一般包括分析服务产出水平、确定渠道目标、确定渠道结构方案和评估主要渠道方案四个方面。

参考范文：

××企业分销渠道设计文案

一、企业背景

　　××企业是一家以开发生产电脑小配件为主的企业，企业初期已经研发并生产出许多新颖的电脑小配件，在市场上销售状况良好，广受好评。企业生产的产品比较新颖，多为市场上的新产品，以"新颖、时尚、实用、耐用"为企业产品的特色，以"提供优质生活，服务从心开始"为企业理念。

二、渠道设计的目标

通过分析目标顾客对服务与分销的需求以及与公司主要管理人员的深入沟通，项目组认为本次分销渠道设计的目标实施过程应以开拓市场和提高市场占有率为主，以便利以及渠道建设的经济性为辅。

因为消费者是一切销售和市场工作的焦点，专业销售人员的使命是建立良好的客户关系，提供良好的客户服务，并通过良好的客户关系、售后管理帮助各个目标客户向消费者提供优质产品，从而满足各个目标客户对销售额和利润的要求。

1. 影响渠道设计目标的主要因素

以下是影响渠道设计目标的几个主要因素：

（1）市场分散程度——较分散（全国各地高校、各大中小城市）。

（2）服务支持——需要提供售后服务。

（3）等待时间——较短（可以随时取货）。

（4）产品多样性——产品种类多。

2. 渠道设计具体目标

（1）开拓市场。

（2）提高市场占有率。

（3）扩大品牌知名度。

（4）渠道流通便利、流畅。

（5）渠道建设的经济性。

三、影响渠道设计的主要因素

1. 市场因素。包括目标市场的大小、需求的季节性、市场竞争状况、目标顾客的集中度等。

2. 产品因素。包括单价、式样、技术复杂度、可保存性、体积与重量、标准化程度、毛利。

3. 企业自身因素。包括企业规模、企业实力强弱、营销管理能力、控制渠道的愿望、营销人员的数量与素质、对市场的了解程度、服务能力、仓储及配送能力、知名度等。

4. 中间商状况。包括经营规模、实力强弱、营销管理能力、销售人员的数量与素质、对市场的影响程度、服务能力、信誉度、知名度等。

5. 竞争者状况。包括竞争者规模、实力、数量、对市场的覆盖程度、知名度、经营目标及理念等。

6. 环境因素。包括各种宏观、微观大的政策环境，各个地区的风俗环境等。

我们在下面渠道的设计中分别对各个因素进行了详细分析，并以这些因素为前提设计了整个分销渠道。

四、分销渠道设计的结构

1. 渠道长度。我们以能达到分销渠道设计的主要目标为依据，兼顾经济性为原则，不特别追求长渠道或是短渠道。

2. 渠道宽度。选择性分销。渠道广度：多渠道销售。

3. 渠道系统。整合渠道系统中的多渠道系统。

五、分销渠道的选择与开发

1. 与有关的电脑商场磋商。其具有较强的经营实力，并且消费者的心目中具有较好的形象，能够烘托并帮助建立品牌形象。

2. 有意愿的品牌电脑专卖店。长期经营，专业知识和经验比较丰富，能够掌握经营主动权，保持销售稳定或乘机扩大销售量。

3. 批发商。批发商拥有自己的零售商店和固定的零售商顾客群拥有自己的分销渠道，经常保持一定的顾客流量。同时，许多批发商拥有良好的信息沟通和货款结算关系，能够有效保障分销渠道正常连续运行。

4. 各大高校的电脑修理装配店等。让产品尽可能地接近主要的消费者——大学生，易于扩宽销售，且方便我们的产品提供售后服务。

5. 定期进行户外宣传销售。更贴近消费者，有利于提高产品的知名度，挖掘潜在的客户群。

6. 创建自己的网站。尽可能地降低成本，并且利用网路的便利性，对产品广泛的宣传，做到价廉物美，以便赢得消费者的信赖与支持。

六、分销政策设计

1. 价格政策

产品价格政策。原则是保证各级商家有足够的利润空间和弹性，驱使经销商有利可图。

（1）拉大批零差价，调动代理积极性；

（2）扣率结合批量，鼓励大量多批；

（3）以成本为基础，以同类产品价格为参考，使价格具有竞争力；

（4）顺应市场变化，及时灵活调整。

零售价：区域性统一零售价。

促销价：限定最低价区间（考虑消费者和经销商）

出厂价：统一发货价。

批发价：根据经销商的信誉度和批发量给予不同程度的优惠。

2. 回款政策

稍逊于A类，是重点扶植的重点对象。先货后款或货到付款。 B类	先货后款，也可给与一定程度的赊销。 A类
D类 月清月结，绝不拖欠。先款后货	C类 稍逊B类，是盈利能力很强的企业结清大宗，少量可欠。货到付款。

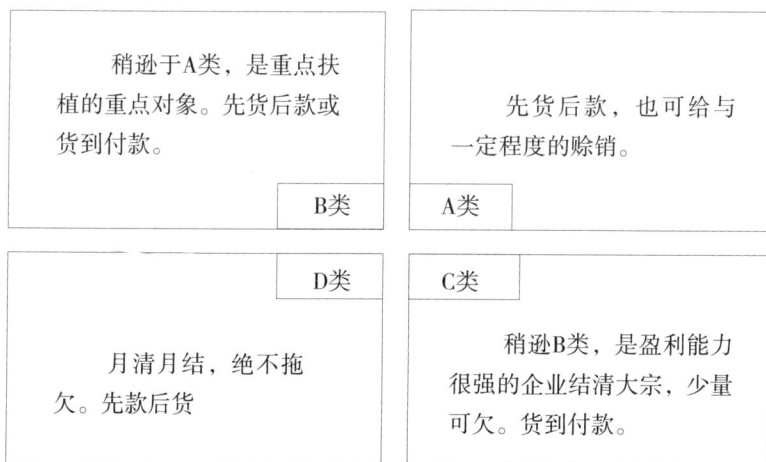

A类经销商合法守信运作、账务良性循环、经营能力强大，公信力强，发展目标明确，持续经营，是厂家多年合作逐步升级的经销商。

3. 经销商的培训政策

（1）"1+1"服务。一个重点客户，对应由公司委派一名或一名以上业务人员进行全程、全面、深入的现场辅导和服务。

（2）培训支持。组建由优秀的业务人员与经理构成的培训队伍，对经销商的管理人员与一线员工进行全方位的巡回培训。

（3）经营管理辅导。举行经销商大会，研讨营销策略，交流经验，编辑培训辅导手册，如《经销商经营指导手册》。

4. 销售激励政策——经销商方面

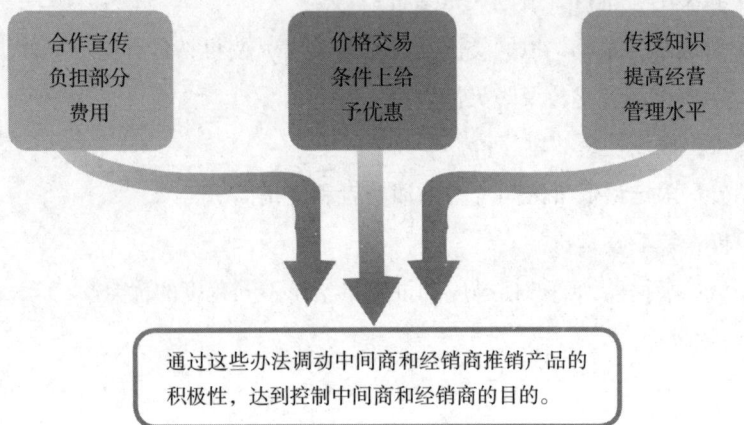

通过这些办法调动中间商和经销商推销产品的积极性，达到控制中间商和经销商的目的。

5. 销售激励政策——员工方面

（1）销售部员工均采用底薪加提成的方式。提成与销售任务挂钩。

（2）月度提成：以销售回款金额为准，每月按照公司规定系数提取作为奖金；可设年度优秀奖排名奖等。均以物资和荣誉给予奖励。

6. 发展政策

（1）低价占领，就是利用压低价格迅速的抢占市场份额。

（2）品牌优先。

（3）品牌优先的原则发展市场，但同时兼顾价格的合理。

7. 网络维护政策

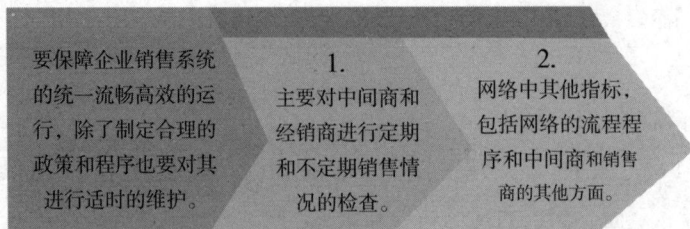

8. 服务政策

严格遵循国家相关《三包条例》，针对相关产品，认真履行修理、更换和退货的责任和义务。

媒体整合渠道文案

对于媒体传播渠道来说，只有单一的渠道传播显然是不够的，需要综合运用文字、图片、音频、视频等进行立体化传播，这就是媒体的渠道整合。

媒体整合渠道文案对于企业媒体整合来说是很重要的，严谨地制定媒体整合渠道文案，才能使媒体整合取得显著的效果，从而为企业带来更好的收益。

写作要点：

一个好的媒体宣传推广方案能够更好地推广项目，增加销售。在媒体整合渠道方案制订时，要综合考虑报纸、电视、电台、户外、公共活动、网络以及新兴媒体等，这也是制订媒体整合渠道方案的内容。

参考范文：

××楼市媒体整合渠道文案

一、××楼市分析

个性化、形象化竞争日益激烈，这也是××市地产发展的潮流。物业项目要取得优异的销售成绩，就应当把握时机，利用自身的个性资本和强大的势力，把自身打造成极富个性和口碑，拥有良好公众形象的楼盘。

二、项目物业概述（略）

三、项目物业的优势与不足

优势：

1. 位置优越，交通便捷

位置优越：处于北城区的成熟社区中心；徒步3分钟即可到达酒店、食府、剧院、商场、超市等场所，社区设施一应俱全。

交通便捷：公共交通比较便捷，有三趟公交线路途经本社区。

2. 区内康体、娱乐、休闲设施一应俱全

室外设施：小区幼儿园、医院、活动广场、购物广场、篮球场。

室内设施：乒乓球室、桌球室、桑拿浴室、健身室、卡拉OK酒廊。

3. 小户型

2房2厅、3房2厅，面积××~××平方米之间的小户型，以及提供菜单式装修，对于事业有成、家庭结构简单、时尚、享受的目标购房群极具吸引力。

不足：

1. 环境建设缺乏吸引性景观

环境建设缺乏吸引性景观，不利于引发目标购房群兴趣；不利于提升××花园在公众中的知名度、美誉度和造成记忆；同时也不利于满足区内居民的荣誉感。（现代住宅不仅要满足居住的需要，还要满足居住者特殊的心理需求）

2. 物业管理缺乏特色服务

物业管理方面未能根据目标购房群的职业特点和实际需求（事业有成、时尚、享受）开展特色服务，使××花园在服务方面缺乏了应有的个性和吸引力。

四、目标购房群

1. 年龄在××~××岁之间，经济富裕，有投资意识或有习惯在××生活的中老年人。

家庭构成：一至三口、中老年夫妻或带一小孩、单身中老年。

2. 年龄在××~××岁之间，事业蒸蒸日上，月收入在××以上，在北城工作的管理者或小私营业主。

家庭构成：一至三口、中青年夫妻或带一小孩、单身中青年。

五、项目物业营销阻碍及对策

阻碍：

1. ××花园内朝向差、无景、背阴的单位难于销售。

2. 区内商铺经营状况不景气，销售业绩不佳。

对策：

1. 把区内朝向差、背阴、无景的单位作为特别单位重新命名炒作，作为特价单位适时限量发售。通过广告炒作、整体形象和价格之间的落差以及增值赠送来促进销售。

2. 商铺经营不景气，销售业绩不佳，究其原因有二。

一是区内人气不旺，二是××花园离大型购物中心太近。

故对策有二：一是引爆住宅销售，带旺区内人气，促进商铺的经营和销售；二是根据区内居民的职业特点、年龄结构、心理特征、追求喜好和实际需求开展特色经营。例如：高品味的酒廊、咖啡厅等。

六、形象定位

根据物业项目的自身特点和目标购房群特殊的身份、社会地位和所处的人生阶段，我们把物业项目定位为"凸显人生至高境界，完美人生超凡享受"的非常住宅。

主题广告语：辉煌人生，超凡享受——××花园提供的（给您的）不止是称心满意的住宅……

辉煌人生：花园的目标购房群大部分是事业有成的中青年老板和管理阶层，或者是有固定资产投资的中老年。因此，他们的人生是与众不同的，是辉煌的。

超凡享受：享受入住方便；享受交通便捷；享受特别服务；享受都市繁华；享受至尊荣誉。

七、两点整体建议

1. 建××广场和寓意喷泉。针对××花园缺乏吸引性景观一点，建议在二期工程中建××广场和寓意喷泉。为××区增一别致夜景，给项目周边居民添一处夜晚休闲、散步散心的好去处。

试想：当夜幕降临的时候，沿一路走来。远远的看到××广场上灯火一闪一闪地跳动着"辉煌人生，超凡享受"的字幕。近处听着"哗哗哗"的水声。走进广场，或立于水边，或坐于石墩，感受都市的繁华，呼吸夜的气息，怡心怡情，岂不妙哉。主干道广告推广很有力度。

如此一来，一方面能够增加××花园的吸引性，提高××花园在公众中的知名度、美誉度、和记忆度；另一方面也有利于赢得目标购房群的认同，满足区内居民的荣誉感。

2. 物业管理方面提供特色家政服务。××花园的目标购房群大部分是事业有成的中青年，他们通常没有太多时间料理家务、清扫居所、照看孩子。故××花园在物业管理方面可以根据居民的实际需要提供送早、午、晚餐、定期清扫住宅、有偿清洗衣物、钟点家教等特色家政服务。一方面切实解决住户的实际问题，另一方面有利于增强××花园对目标购房群的吸引力。

八、广告宣传

××花园的广告宣传要达到以下三个目的：

1. 传达××花园的优势与卖点。

2. 尽快树立起××花园"辉煌人生，超凡享受"的物业形象。

3. 直接促进××花园的销售。

基于以上三个目的和××房地产市场一直以来的广告情况，我们建议把××花园的广告宣传分为两个阶段，即广告切入期和广告发展期。

在广告切入期主要通过报纸软文章和报纸硬广告形式传达××花园的优势与卖点；在广告发展期，一方面利用密集的报纸、电视、电台等媒体广告，车身、路牌、建筑物、灯柱等户外广告以及开展各种公共活动，打造××花园"辉煌人生，超凡享受"的形象；另一方面利用各种促销活动和现场POP直接促进楼盘的销售。

广告切入期（1至2个月）

1. 报纸软文

主题1：辉煌人生，超凡享受——记"我"为什么选择××花园

主题2：事业生活轻松把握——记××花园特别的家政服务

2. 系列报纸硬广告

主题1：辉煌人生，超凡享受——这里离购物休闲广场只有45分钟

主题2：辉煌人生，超凡享受——家里面的娱乐休闲

主题3：辉煌人生，超凡享受——××广场就是我们家的后花园

3. 网络宣传同样突出相应的主题，进行丰富多彩的小型的项目研讨活动并发表相关文章，为硬广告的投放提供素材，同时可以尝试对广告的诉求卖点的市场考察，为广告的投放降低风险，同时保证广告的宣传效果。

广告发展期（3至4个月）

1. 报纸

从各个侧面打造××花园"辉煌人生，超凡享受"的品牌形象。

2. 电视

配合促销活动和对开发公司的专访等形式对项目从工程设计、工程质量、开发商

实力、开发理念和项目的优势方面进行正面宣传，建立项目及开发商的良好口碑。

3. 电台

通过电台配合××网的购房者俱乐部活动和配合项目的形象，给目标受众以声音和感官的信息传达。

4. 单张

通过商业信函投递、售楼处发送、报刊夹送、活动资料派送形式使单张广告进入每一个意向客户手中，从而扩大项目自身的影响范围。

5. 户外广告

（1）在项目周边沿线各人行天桥及繁华路段作灯柱、路牌、建筑物广告。

（2）在北城中心作巨幅建筑物或路牌广告。

（3）在北城生意火爆的大酒店对面树巨幅广告牌。

6. 车身广告

项目——繁华地段项目——购物中心项目——火车站

7. 公共活动

举办各种公共活动，树立××花园美好形象，迅速提升××花园的知名度、美誉度和记忆度。

（1）××广场落成剪彩仪式。邀请××区各界知名人士及××花园新老业主荣誉出席。（有文艺表演及娱乐节目等）

（2）寓意喷泉征名及题名活动。以各种方式（信函、热线、现场、邮件等）大张旗鼓向社会各界征集××广场寓意喷泉的名称。之后，在一个令人瞩目的日子里，开展现场题名活动。在题名现场向热心参与并支持征名活动的群众致以感谢并奖励（根据所提供的名称与所题名称的接近程度进行奖励）。

（3）××花园"文化活动月"活动。一方面丰富项目周边居民的文化活动，有益于地方文化事业，易博得社会各界的支持，造成极大的社会效应，博得民众的好感，有利于迅速树立××花园美好的公众形象；另一方面吸引新闻媒体的注意，为新闻报道提供很好的素材，有利于大范围内提高××花园的知名度，造成持续记忆。

①向××区各界人士赠送或优惠提供当月影院大片入场券。

②于各节假日及工休日在××广场举办各种歌舞表演、文化活动等。

③在××区范围内开展××花园"文化活动月"万人签名活动。

8. 网络

通过××搜房网进行全面宣传，配合网络炒作和××市购房者俱乐部的会员看房活动，消化一部分产品。

（1）××市购房者俱乐部"假日看房班车"活动。（目前有效会员近××名，并且数字还在以每周××~××人的速度增加，消费能力不可低估。）

（2）项目网站或是网页的制作（建立廉价互动的沟通平台）。

（3）网站论坛同时进行讨论，促使开发商和未来业主进行全面沟通，以便于了解客户的基本情况，更好地拉动销售。

9. DM直投杂志

××市房地产信息杂志的定向投递，通过强大的派发网络进行宣传，以便杂志本身的信息量大、保存时间长和到达率高的优势表现得淋漓尽致。

九、费用预算（略）

十、专业精神和职业水准

由于联合了××市的各强势媒体，同时也得到政府的支持，所以我们的费用会成为效果明显之外的另一个吸引人的地方。优势互补、资源共享、促成立体报道的舆论合力网络、报纸、电台和电视台联动合作组织，互相提供新闻线索，联合采访，充分利用双方的新闻资源，充分发挥各自媒体的传播优势，以达到最佳宣传效果；共同策划新节目、新栏目。

网络、报纸、电台和电视台的结合有利于双方争取更多的潜在受众。所谓潜在受众是指目前尚无受传行为而在一定时间内可能创造受传条件成为受众的人。几个媒体的潜在受众虽不尽相同，但若结合起来，其潜在受众将是十分巨大的。将潜在受众转变为实在受众，既是传媒提高传媒效果的需要，也是传媒拓展市场，提高社会效益和经济效益的需要。

网络、报纸、电台和电视台充分利用各自的传播优势，进行立体报道，达到舆论合力，这是媒体整合的主要目标。在网络、报纸、电台和电视台的整合过程中，网络、电视将通过栩栩如生的动感画面和快捷性的长处，使观众尽快得到初步的、鲜明的、直观的感性认识；电台、报纸则克服电视瞬间性的缺陷，利用报纸能反复阅读，具有稳定性的文字报道和犀利评论的特点，引导读者深入思考；杂志的针对性强、生命周期长的特点，这将有利于开发和相关行业商家依据自身的情况特点，选择合适的信息传递给目标受众，同时保证广告容易被目标受众接受。媒体联动既发挥了各自的特长，又交叉互补，弥补了各自的不足和局限性，从而扩大了传播的深度和广度，形成立体传播的推广合力。

我们秉承如下原则：

1. 经济节约，最大限度为客户省钱。

2. 追求创新。广告形式力求创新，创新同时与创意进行很好地结合。

3. 努力建立品牌与目标群之间的关系。对于大众媒体，通常可以有效地帮助建立品牌的知名度。而对于小众媒体，则可以针对某些特定人群，而且它可以很好地建立起消费者与产品或品牌的某种内在联系，让消费者感觉亲切，感觉这是专为他而做的广告。

4. 建立协作关系。巧妙融入媒体中去，不单纯进行硬广告的宣传。

5. 巧妙利用媒体本身的广告作用。适当的公关活动可以更好地提升公司形象，巧妙地利用软性文章的形式可以增强品牌的置信度和广告效果。

多元渠道策略文案

渠道控制构成了多元营销渠道的核心内容，如今越来越多的企业在渠道选择上都由单一化转向多元化，都使用多种渠道的组合模式来进行销售。比如，有的公司针对大的行业客户，公司内部成立大客户部直接销售；针对数量众多的中小企业用户，采用广泛的分销渠道；针对一些偏远地区的消费者，则可能采用邮购等方式来覆盖。在构建多元化渠道的过程中，渠道控制贯穿于多元渠道系统运行的整个生命周期之中。

写作要点：

有效的多元渠道策略，应以确定企业所要达到的市场为起点。从原则上讲，目标市场的选择并不是渠道设计的问题，然而事实上市场选择与渠道是相互依存的。有利的市场加上有利的渠道，才可能使企业获得利润。

多元渠道策略文案应包括以下几方面：

一、渠道结构

营销是一个系统工程，整个营销渠道的结构要明确，可以分为长度结构（即层级结构）、宽度结构以及广度结构三种类型。三种渠道结构构成了渠道设计的三大要素或称为渠道变量。进一步说，渠道结构中的长度变量、宽度变量及广度变量完整地描述了一个三维立体的渠道系统。

二、渠道控制

渠道控制就是对销售系统的整体把握，指的是通过对渠道的管理、调整、培训，以及遇到问题时的一些解决方案。企业拓展销售渠道，只是整个销售环节中的前奏，所有的努力和付出都是为了完成销售目标和任务，同时还必须对整个销售系统进行调整和修正。

三、渠道成员

一般情况下，组成销售系统的每个环节，都是销售渠道的组成部分。因此，产品销售过程中的每一个商家都是不可缺少的，而且是基本渠道成员，因为它们既要履行一定的责任也要承担一定的风险。除基本渠道成员之外，还有公关、宣传、市场研究、运输等，它们对产品销售起到的作用也不能轻视，所以这类渠道成员被归属为特殊渠道成员。

参考范文：

××产品多元渠道策略文案

一、从多层渠道到扁平渠道

渠道扁平化是出于竞争、控制的需要。渠道层级过长，就会增加通路的中间环节，导致成本提高，核心竞争力下降；通路过长，供应商对终端的控制力就会被削弱。随着竞争的加剧、利润的摊薄及产品生命周期的缩短，最初的分销渠道（如大户制）开始落伍。尤其随着大卖场、大型超市及专业连锁的发展，零售环节可以不经过批发商而直接向厂家大批量采购，已成为大中城市的重要渠道模式。而在二、三线市场，随着原有的层级批发体系以及大户代理制的解体，厂家逐渐转向更贴近终端市场的中小型批发商。

××产品销售渠道开发的优势：

1. ××产品针对多种零售业态，分别设计开发不同的渠道模式：对于学校、机关、大型企业等集团顾客，厂家上门直销；对于大型零售卖场及规模较大的连锁超市，采用直接供货；对于一般酒店餐厅、超市以及数量众多的小店，由分销商密集辐射。这种"复合"结构，既能够有效覆盖，又能够分类管理，有利于在每种零售业态中都取得一定的竞争优势。

2. ××产品开始基于"联销体"制度，保障了销售每个环节的利益和义务都得到明确。

二、从单一渠道到多元渠道

××产品可称之为由单一化渠道成功转型多元化渠道战略的典范。公司创立之时，由于人力和财力有限，主要通过糖烟酒、副食品、医药三大国有商业主渠道内的一批大型批发企业，销售公司第一个产品××品牌。随着公司的稳健发展和产品多元化，其单一渠道模式限制了企业的销售，××产品开始基于"联销体"制度（联销体制度是××产品和代理商之间建立的一个共同经营产品的渠道体制，从厂家、经销商到终端每个环节的利益和义务都会得到明确）的渠道再设计：

1. ××产品在全国各地开发××家业绩优异、信誉良好的一级代理商，以及数量众多的二级代理商，确保××产品渠道重心下移到二、三线市场。这充分保证了××产品渠道多元化战略的实施。××产品针对不同的零售业态，设计开发的渠道模式也不同：对于一般超市、酒店餐厅以及数量众多的小店，由分销商密集辐射；对于大型零售卖场及规模较大的连锁超市，采用直接供货；对于机关、学校、大型企业等集团顾客，厂家上门直销。这种"复合"结构，既能够有效覆盖，又能够分类管理，有利于在每种零售业态中都取得一定的竞争优势。

2. ××品牌自建销售队伍，拥有一支约××人的销售大军，隶属公司总部并派驻各地，负责厂商联络，为经销商提供服务并负责开发市场、甄选经销商。

从××产品可以看出，渠道多元化是实施企业战略多元化的必然结果，也是企业生命周期发展的必然阶段。××产品渠道多元化战略对于公司的快速发展功不可没。

同时，渠道多元化对于企业的营销管理能力提出了巨大挑战。如前文所说，中国市场通路表现出较高的动态性和复杂性，因此，当企业采取多元化渠道战略时，必然面临渠道冲突、渠道效能控制的难题。窜货是中国渠道冲突的典型"疑难杂症"，许多采取渠道多元化战略的企业由于窜货而陷入困境。

渠道冲突的缘由是由于各方利益分配不一致。多元渠道并存，冲突在所难免，如直营体系和分销体系之间、经销商之间。但采用多元渠道也并非意味均衡用力、不分主次。企业资源有限，当采取多元化渠道模式时，必然面临资源分配难题，甚至因此影响渠道的整体效能。

渠道多元化存在上述问题，但不能因有困难而死守单一渠道。上述两个难题有以下三种解决办法：一是制定合理的级差价格体系，保护各级渠道成员利益，从源头解决多元渠道冲突难题；二是设计经销商合作标准与选拔制度，优选信誉优良、实力雄厚的经销商作为长期战略合作伙伴，从渠道成员方面防范渠道冲突；三是针对不同渠道体系专门设计不同的产品，以产品或品牌区别不同渠道。××产品通过"联销体"制度创新，实现了从单一渠道到多元渠道模式的创新与转变。

第七章　营销价格文案

价格定位文案

现代企业的价格定位是与产品定位紧密相连的。价格定位是依据产品的价格特征，把产品价格确定在某一范围，在顾客内心建立一种价格类别的形象，通过顾客对价格所留下的深刻印象，使产品在顾客的心目中占据一个较显著的位置。

写作要点：

价格定位一般有三种情况：一是高价定位，即把不低于竞争者产品质量水平的产品价格定在竞争者产品价格之上。这种定位一般都是借助良好的品牌优势、质量优势和售后服务优势。二是低价定位，即把产品价格定得远远低于竞争者价格。这种定位的产品质量和售后服务并非都不如竞争者，有的可能比竞争者更好。之所以能采用低价，是由于该企业要么具有绝对的低成本优势，要么是企业形象好、产品销量大，要么是出于抑制竞争对手、树立品牌形象等战略性考虑。三是市场平均价格定位，即把价格定在市场同类产品的平均水平上。

在撰写价格定位文案时，应从以下几方面考虑价格定位的依据：

1. 订价的目标

（1）以扩大市场份额为目标，宜采用较低的价格；

（2）以质量领先或主要提供高档品质的产品或服务为目标，宜定较高的价格；

（3）以规避竞争为目标，宜采用随行就市的定价方式；

（4）以渡过企业经营困境为目标，宜采用成本定价（一般高于可变成本）的方式。

2. 市场需求

即消费者对价格的接受程度，市场需求决定了定价的上限，一般而言，服装产品的定价应以企业所能获得最大利润为准，而非最高利润率，否则顾客采购量不足会影响企业的利润。

3. 国家有关政策或生产企业的特点要求。

参考范文：

<h3 style="text-align:center">×× 食品价格定位文案</h3>

众所周知，制订产品定价需要考虑的因素很多，包括产品的生产成本、产品定位、消费者的需求、销售渠道、营销费用、同类产品的价格、生产周期、竞争策略等，因此，产品价格的确定也是一个动态的过程，不可能一蹴而就。在此，根据对市场的考察、结合企业的实际，对×× 食品产品制订的价格进行如下分析、策划：

一、现有情况介绍

1. 产品介绍

×× 食品性能、特点介绍。（略）

2. 产品生产成本情况（略）

根据生产成本确定企业的成本价格。

3. 市场上同类产品的零售价格

市场上同类产品的零售价格是我们制订价格的主要参考依据。经销售部门对市场的调查得出，现×× 市各大商场、超市同类产品的零售价格如下：（略）

二、产品的价格策略

1. 经营目标对价格的影响

销售量和市场份额息息相关，销量大则市场份额也大，反之亦然。而在实际运作中，在产品特征不变的前提下，销量和利润是两个互相矛盾的目标，至少在产品上市初期如此。当企业要求较高的销量，也就是最求较大的市场份额时，往往是应该采取低价进攻的策略。

当企业以改善盈利能力、提高利润率作为自己的战略目标时，往往是采取提高产品价格的策略。增加高端产品在产品结构的比例，或减少低端产品在产品结构中的比例。

2. 渠道因素对价格的影响

为适应企业产品走高端市场、以中高端消费群体为目标客户的定位，满足中高端消费群体对高档某食品的需求，填补当前市场高档××食品品种单一、海鲜风味产品缺乏的状况。

我们拟以城市、城镇大中型商场、超市和中高档宾馆、酒店，城市、城镇中高档收入群体、工薪阶层家庭为基本的目标客户群体，展开产品营销、推广。因此，选择的销售渠道是：

（1）公司批发——城市经销商、商场、超市、居民家庭。

（2）公司批发——城市经销商、中高档宾馆、酒店。

（3）公司批发——大、中型商场、超市、居民家庭。

3．产品价格体系的设计

成本价格=固定成本+可变成本；出厂价格=生产成本+税金+企业期望利润+营销费用。在制定产品的价格时，我们应该从两个方面进行考虑：一是从成本价到出厂价；二是从出厂价到零售价。

从企业内部看，影响价格体系形成的因素有：生产成本、销售费用、其它期间费用和利润四个因素，然而，因为多种原因造成企业往往无法准确计算出生产成本和销售费用。

从企业外部看，影响价格体系形成的因素有：出厂价、经销商出货价、分销商出货价和终端零售价四个因素，对这四个因素企业实际也无法控制。二级批发商这个环节是我们在做产品渠道布局、策划一开始就必须要考虑的，否则企业的利润将被渠道成员分享30%以上，这是我们企业所不能接受的。

4．产品导入期的价格策略

（1）以烟台、青岛、大连、北京、上海市场为产品重点导入区域，通过产品宣传和促销活动，引爆销售，引发购买欲望，快速进入大型商场、超市；发展区域代理；兼顾南北两翼的市场推进。

（2）销售策略：目标集中策略。

（3）宣传策略：

①以30秒至1分钟时长的电视广告片为手段，辅之相关的报纸、杂志广告和必要的网络宣传、软广告宣传，引导消费。

②在销售、致富类专业杂志上，推出诚征产品代理商、经销商的招商广告，力争在3至5个月内在全国建立起一级、二级、三级的产品销售渠道。

③车载广告具有受众范围大、时间长、醒目、抢眼、便于记忆、性价比较

高等特点，建议在烟台、北京、上海等拟开发区域市场内，选择市区内3至5条主要交通路线，进行车载广告的宣传。

（4）营销管控：制订合理、优惠的招商政策和渠道管控制度，吸引经销商加盟。并通过对加盟经销商培训的方式，对代理商、经销商进行管理培训。

（5）业绩以市场开发目标为主，盈利目标为辅。

（6）期间初步形成现金顾客群和战略客户群。

（7）前期销售费用较高，现金流量有效增大，市场快速成长。

5. 产品批发零售价格建议方案

假定每个环节按产品总价让出××%的利润空间，则产品的价格就应该是：

成本价+经销商批发差价+商场、超市批发差价=产品总价。（设定产品零售价=产品总价）

公司享有部分：生产成本+出场差价。

出厂价格=生产成本+税金+利润+营销费用。

营销部门提成总额控制在产品总价款的××%以内，其中：个人业绩提成××%，团队业绩××%，超计划奖励××%。（每逢节假日开展大规模产品促销优惠活动时，企业可以确保产品降价××%至××%时，企业仍有××%以上的利润空间。）

经销商、代理商享受部分批发差价（占总价款××%），其中：一级经销商（省级代理）按产品总价的××%，即出厂价格+营销提成（××%）；二级（地市级代理）经销商按产品总价的××%；三级（区县级代理）经销商按产品总价的××%；普通（一般商户）经销商按产品总价的××%；一线、二线城市大型商场、超市享受二级经销商批发差价（××%）；二线、三线城市大中型商场、超市享受三级经销商批发差价（××%）；城市、城镇一般商场、商店、超市按普通经销商批发差价（××%）。

6. 产品价格的管理

为了规范对产品价格的管理，公司对产品价格实行统一价格政策、统一批发价、统一零售价，统一价格管理的政策。

首先，应建立定价、调整和折让的规则权限，明确不同级别岗位价格权限、样品、礼品赠送政策制定各级别岗位总体权限。业务人员在开发客户和渠道的工作中，允许给客户和经销商赠送部分产品样品，但是对赠送的样品必须纳入管理范畴，赠送样品后，要跟踪联系、记载上报客户信息资料，至少应包括客户的姓名、单位名称、地址、联系电话等。限额以内赠品样品的申领，由申领人填表，经部门负责人批准后，到生产部门领取。超过限额的，一律由总经理批准。

定价策略文案

定价策略也称作"价格策略"，是市场营销学里面最重要的组成部分之一，主要研究商品和服务的价格制定和变更的策略，以求得营销效果和最佳收益。

价格通常是影响交易成败的重要因素，同时又是市场营销组合中最难以确定的因素。企业定价的目标是促进销售，获取利润。这要求企业既要考虑成本的补偿，又要考虑消费者对价格的接受能力，从而使定价策略具有买卖双方双向决策的特征。此外，价格还是市场营销组合中最灵活的因素，它可以对市场作出灵敏的反映。

写作要点：

定价策略文案在撰写中应注意以下几点：

1. 内部因素

（1）企业的营销目标。

（2）企业的营销组合。

（3）产品成本。

2. 外部因素

（1）市场结构。

（2）市场需求的价格弹性。

（3）市场竞争。

（4）国家政策。

（5）其他外部环境因素。

参考范文：

××红酒的新产品定价策划方案

据××省酒类行业协会介绍，在××国际酒饮博览会上，红酒的展览面积达展会的1/3。业内人士介绍，由于人们对饮食健康越来越重视的原因，近年中国饮红酒的与饮白酒人的消费比例相比有上升的趋势。据资料显示，20××年中国人喝掉了×亿瓶葡萄酒。据国家统计局20××年的统计数字显示，过去××年来，中国人均葡萄酒消费量大约增长了一倍。法澳美三国的葡萄种植者协会及酒商也在最近表示，中国迅速成为亚洲最大的葡萄酒消费市场，而在业内人士所提及的葡萄酒中基本上是以红葡萄酒为主。

从市场表现来看，葡萄酒尚未形成人群细分的格局，购买的随意性比较大，主要表现在哪家产品有促销，销量就有提升，价格往往成为购买与否的主要因素。

一、影响企业定价的因素

1. 定价目标

因为本公司产品为新产品上市，所以在制定利润目标时，我公司把重点放在建立长期稳定发展的目标上，以获取利润为目标，以获得市场占有率为未来目标。因此，不宜把价格制定得过高。

（1）利润目标

①获取预期收益目标。预期收益目标是指企业以预期利润（包括预交税金）为定价基点，并以利润加上商品的完全成本构成价格出售商品，从而获取预期收益的一种定价目标。预期收益目标有长期和短期之分，大多数企业都采用长期目标。预期收益高低的确定，应当考虑商品的质量与功能、同期的银行利率、消费者对价格的反应以及企业在同类企业中的地位和在市场竞争中的实力等因素。预期收益定得过高，企业会处于市场竞争的不利地位，定得过低，又会影响企业投资的回收。一般情况下，预期收益适中，可能获得长期稳定的收益。

预期收益主要是通过预期收益率计算出来的。预期收益率，又叫投资收益率或销售收益率，是计算预期收益的一种具体方法，能准确地反映企业经营的好坏。

②获取最大利润目标。最大利润目标是指企业在一定时期内综合考虑各种因素后，以总收入减去总成本的最大差额为基点，确定单位商品的价格，以

取得最大利润的一种定价目标。最大利润是企业在一定时期内可能并准备实现的最大利润总额，而不是单位商品的最高价格，最高价格不一定能获取最大利润。当企业的产品在市场上处于绝对有利地位时，往往采取这种定价目标，它能够使企业在短期内获得高额利润。

单位商品的最高价格是企业获取最大利润的一种方式。但在竞争剧烈的市场上，想长期维持不合理的高价几乎是不可能的。因为不合理的高价势必会遇到各方面的对抗行动，诸如需求的减少、代替品的盛行、政府的干预等。因此，最大利润一般应以长期的总利润为目标，在个别时期，甚至允许以低于成本的价格出售，以便招徕顾客。

（2）市场占有率目标

有近五成广州市民喜欢喝葡萄酒原因在于葡萄酒的健康功能，也有四成市民纯粹从口味出发。国内三大葡萄酒巨头××、××和××占据了中国葡萄酒市场××%的份额

①以低价占领市场。以低价占领市场为目标，就是在提高产品质量，降低产品成本的前提下，使商品的价格低于主要竞争者的价格，以低价迅速打开销路，挤占市场，从而提高企业商品的市场占有率。待占领市场后，再通过增加和提高某些功能的方式逐步提高商品价格。

②以高价占领市场。以高价占领市场为目标，就是在产品上市初期，以高于竞争对手的商品价格，利用消费者的求新、求名心理，尽可能在短期内获取最大利润。待竞争激烈时，以先期获得的超额利润为后盾，调低价格，从而扩大销售，占领市场，击败竞争对手。

③以竞争价格占领市场。以竞争价格占领市场为目标，就是在制定商品价格之前，认真研究竞争对手的营销策略，根据企业自身实力，用针锋相对的方式与对手抗衡，以便占领市场或保护既得市场。这种价格目标，易导致价格大战，风险较大。

在市场占有率方面，我公司采取以竞争价格占领市场。据了解，张裕红酒的价格低至几十元，高至几百元，王朝干红包括至尊系列、橡木桶系列、樽御系列、金品诺系列等，以至尊系列的整体定位最高，产品价格区间在××~××元/瓶之间。

2. 成本

综合考虑固定成本和变动成本，其中固定成本包括：企业软、硬件设施的

建设费用、管理费用、水电费用、固定资产摊销、购买办公用品等。变动成本包括关税、运费，劳动力成本、能耗费用、维护保养设施工具等。

3. 需求

据零点研究咨询集团广州分公司调查显示，在喝酒的广州市民中，偏爱葡萄酒的市民占××%，近六成广州市民只喝国产葡萄酒，价格便宜是其主要考虑因素，只喝进口葡萄酒的市民仅占×%。

4. 竞争状况

目前市场上主要有××、××、××、××、××、××、××等××多家的××多种产品。

据了解，在××市场畅销的××系列葡萄酒中，××干红、××干红和××干红的销售量就占了总销量的××%以上，这些瓶酒的零售价在××元至××元之间，中高档干红销量越来越好。

5. 其他因素

白酒、啤酒在中国人的酒类消费中仍占主导地位，红酒的消费与白酒、啤酒的消费不同，它与一个地区的经济发达程度有关，与当地人均可支配的收入水平有关。所以，若人民生活水平不高，红酒的销售必然受到打击。因此，本公司生产的红酒价格定位为中高收入的消费人群。

二、产品竞价的方法

1. 成本导向定价法

以成本为中心的定价方法是以成本加利润为基础，完全按卖方意图来确定商品价格的方法。其优点是保证企业不亏本，计算简单。但所定价格，国际市场的顾客未必接受。成本导向定价法往往需要根据企业特定的目标利润、目标市场的需求状况、竞争格局和政府法令作相应调整。

（1）成本加成定价法。即将产品的单位总成本加上预期的利润所定的售价，售价与成本之间的差额，即是加成（销售毛利）。其公式为：单位产品销售价格＝单位产品总成本÷（1－税率－利润率），该法适用于产量与单位成本相对稳定，供求双方竞争不太激烈的产品。

（2）投资报酬率定价法。根据企业的总成本和计划的销售量（或总产量）及按投资收益率制定的目标利润而制定的产品销售价。再加单位产品目标利润额。其公式为：单位产品销售价格＝（总成本＋目标利润总额）÷总产量。

2. 需求导向定价法

以需求为中心的定价方法，是根据消费者对商品价值的认识和需求程度来确定价格的。一般先拟定一个消费者可以接受的价格，然后根据所了解的中间商成本加成情况，逆推计算出出厂价。这种定价方法常常导致商品价格与价值的背离幅度偏大，但仍以买卖双方可以接受为限度。

3. 习惯定价法

购买葡萄酒的人群各种年龄段的都有，老人为了保健，选择××元左右的红酒，中年人选择价位在××元左右，年轻的时尚一族会选择价钱高一些的国产葡萄酒，价格在××~××元之间。

4. 竞争导向定价法

是根据主要竞争对手的商品价格来确定自己商品价格的以竞争为中心的定价方法。这种定价方法并不要求企业把自己的商品价格定得与竞争对手商品的价格完全一致，而是使企业的产品价格在市场上具有竞争力。

5. 随行就市定价法

企业按照本行业在国际市场上的市场价格水平来定价。该法适用于需求弹性比较小或供求基本平衡的商品，既可以避免竞争，减少定价风险，又使企业容易获得合理的收益。

6. 变动成本定价法

又称边际贡献定价法，是指企业在定价时只考虑变动成本，不考虑固定成本的定价方法。这种定价方法一般只限于追加定货或市场竞争异常激烈，价格成为竞争主要手段时适用。其公式为：单位产品销售价格=（总的可变成本+边际贡献）÷总产量。

综上所述，根据我公司××红酒的实际情况，新产品定价将选用成本加成定价法。因为红酒的成分相当复杂，最多的是水分，占××%以上，其次是酒精，一般为××%~××%，剩余的物质超过××种，比较重要的有××多种。红酒其他重要的成分如酒酸、果性、矿物质和单宁酸等。成本价格固定，为避免因价格引发竞争。我公司决定采用成本加成定价法，采取稳定价格策略。

三、产品的定价策略

1. 新产品定价

（1）撇脂定价策略。新产品上市之初，将价格定得较高，在短期内获取厚利，尽快收回投资。这种方法适合需求弹性较小的细分市场，其优点有：①新产品上市，顾客对其无理性认识，利用较高价格可以提高身价，适应顾客求新心理，有助于开拓市场；②主动性大，产品进入成熟期后，价格可分阶段逐步下降，有利于吸引新的购买者；③价格高，限制需求量过于迅速增加，使其与生产能力相适应。缺点是：获利大，不利于扩大市场，并很快招来竞争者，会迫使价格下降，好景不长。

（2）渗透定价策略。在新产品投放市场时，价格定的尽可能低一些，其目的是获得最高销售量和最大市场占有率。

当新产品没有显著特色，竞争激烈，需求弹性较大时宜采用渗透定价法。其优点有：①产品能迅速为市场所接受，打开销路，增加产量，使成本随生产发展而下降；②低价薄利，使竞争者望而却步、减缓竞争，获得一定市场优势。

2. 折扣定价法

根据我公司策划的促销宣传方案，我们将在××超市和××商场举行现场试饮互动，届时，凡现场购买××红酒产品的客户将得到我公司××元现金券一张，多买多送。

3. 关系定价法

（1）长期合同。运用长期合同向顾客提供价格刺激和非价格刺激，一是双方进入长期关系之中，或者加强现有关系，或者发展新关系，使企业和顾客形成一种长期稳定的关系。

（2）多购优惠。促进和维持顾客关系，它包括同时提供两个或两个以上的相关产品。从中获得三方面的利益：①多购能降低成本；②吸引顾客从一个企业购买相关的多种产品，顾客可以节省时间和金钱；③多购优惠能够有效增加企业经销联系点的采购量。

四、××上市推广价格

市场价：××ml，××元/瓶

促销价：现场促销：买一送一（××元现金卷），××元/瓶

节日促销：××元/瓶

团购价：××元/瓶（××瓶以上算团购）

第八章 营销合同文案

企业广告合同

企业广告合同指的是广告客户与经营者之间、广告经营者与广告经营者之间确立、变更、终止广告承办或代理关系的协议。企业广告合同主要分为广告发布业务合同、广告制作合同、广告市场调查合同和广告代理协议四种。

写作要点：

根据广告业务活动的内容，广告合同应当包括下列主要条款：

1. 广告项目验收标准、办法、期限、违约责任和解决合同纠纷的方式。

2. 广告原材料的提供以及规格、数量、质量和交付期限。

3. 技术资料、图纸或广告作品提供的数量、质量、期限及保密要求。

4. 广告内容及交验、查验广告证明文件。以此认定广告内容是否经过审查和合同双方当事人是否履行了法规规定的签约程序，如果产生违法，各自应当承担什么责任。

5. 标的、质量和数量。标的指承办或代理的广告项目；标的的质量是指广告项目满足规定要求的特性的总和；标的的数量是指完成广告项目的多少。

6. 广告费用。广告费用包括两部分：一是广告合同当事人一方向完成委办的广告项目完成的期限、地点和方式。二是广告合同当事人一方向另一方支付的，与其为完成广告项目所提供的财产相当的货币。

参考范文：

××公司广告合同书样本

甲方：_____

地址：_____

电话：_____　　传真：_____　　邮编：_____

乙方：_____市_____广告有限公司

地址：_____

电话：_____　　传真：_____　　邮编：_____

甲、乙双方根据《中华人民共和国合同法》《中华人民共和国广告法》及其他有关法律法规，就甲方租用乙方广告位并委托乙方制作、发布广告一事，达成如下合约：

一、广告地点

（详见位置草图）

二、广告尺寸及面积

广告牌宽_____高_____

三、合约的期限

甲方委托乙方于_____年____月____日至____年____月____日发布广告，自甲方广告正式发布（上画面）之日起计。

四、广告费的支付

1. 广告费指的是甲方使用乙方广告位并委托乙方制作发布广告而需向乙方缴纳的费用，包括广告发布费、场地租用费、保险、管理、电费及两次广告画面制作费。

2. 甲方需向乙方支付的广告费：

广告价格：（人民币_____万元整）

3. 广告费的支付时间：

广告正式发布经甲方验收合格后，_____年____月____日甲方向乙方支付广告费人民币（大写）____元整，金额￥____；_____年____月____日前甲方向乙方支付广告费人民币（大写）____元整，金额￥____；_____年____月____日前甲方向乙方支付广告费人民币（大写）____元整，金额￥____。

五、广告的制作及上画面

1. 甲方应在本合同签订之日起的_____天内向乙方提供广告的样稿和喷绘文件盘，乙方按照甲方方案制作。

2. 本合同签订后，广告画面在甲方向乙方提供广告样稿及喷绘文件盘后_____天内制作安装完毕并自安装完毕之日起开始计算收费时间。

3. 甲方应在上画面之后的第_____天至第_____天间，接到乙方通知后组织相关人员验收，如甲方在本条所指的验收时间内未组织验收或虽组织验收但未提出异议的则视为验收合格。

六、维修检验

1. 乙方每月对广告牌进行例行检查，如广告牌发现有缺损，应立即维修，维修工程需于_____天内完成，如有任何维修工程而影响广告不能上画，维修占用的时间将顺延广告发布时间。

2. 广告牌每天亮灯_____小时，从_____时_____分到_____时_____分（可根据季节调整亮灯时间）。

七、其他

乙方负责办理就广告上画面而需办理的对政府机关的各种报批手续。

八、因广告所产生的责任的承担

1. 在本广告的制作、设置过程中，如造成任何第三人的人身或财产损害，均与甲方无关。

2. 由于商标、肖像、广告词及其他因广告内容而产生的纠纷由甲方承担全部的责任。

九、广告画面的更换

1. 广告画面安装完毕半年内如发现有严重褪色现象影响宣传时，甲方有权要求乙方重新制作画面，费用由乙方承担。

2. 甲方有权随时要求乙方更换广告画面，但需给乙方预留合理的制作画面及向相关主管部门报批的时间，乙方赠送甲方_____次广告画面，赠送完毕后甲方如需由乙方制作并更换画面，乙方按每平方_____元收取广告画面制作、安装费。

十、违约责任

1. 甲方应按合同约定的时间和金额准时向乙方支付广告费，每逾期一天，除支付合同约定的广告费外，甲方还应按每日万分之五的比例向乙方支付逾期付款违约金。

2. 甲、乙双方不得无故终止合同，如在合同期内甲、乙方单方面要求提前终止本合同，应赔偿对方损失，赔偿金额的计算方式为：本合同约定的全部广告费减去已支付的广告费之后再乘以百分之三十。

3. 如因不可抗力或政府禁令（需提供政府相关文件）导致广告不能发布，

或有影响发布效果（需提供影响发布效果的证据）的，甲、乙双方均有权终止合同，乙方应把已收取但广告尚未发布的时间段的广告费退回甲方，甲、乙双方应对此数额进行确认，自确认之日起＿＿＿＿日内乙方应将该款退回甲方，如超期未退的，乙方应按双倍予以赔偿。

4. 乙方未按约定时间将广告制作完成并上画面的，迟延的时间应在约定的广告期后顺延。

5. 如发现广告在合约期内晚上有不亮灯之情况，甲方无须缴纳不亮灯期间的广告费用，但因不可抗力及供电部门检修而停电的除外。

6. 合同期满后，在同等条件下甲方有优先续约权，甲方如需续约应于合同期满前两个月与乙方协商续约事宜，并重新签订合同。

十一、双方因本合同发生争议，应友好协商解决，协商不成的由××仲裁委员会仲裁。

十二、此合同一式肆份，甲、乙双方各执贰份，具有同等法律效力。本合同签定于＿＿＿＿＿＿＿＿（日期）。

十三、本合同一经签订即产生法律效力。

甲方＿＿＿＿＿＿＿＿＿　　　乙方：＿＿＿＿＿＿＿＿＿＿
公司（公章）　　　　　　　　公司（公章）
代表：＿＿＿＿＿＿＿＿＿　　代表：＿＿＿＿＿＿＿＿＿
日期：＿＿＿＿＿＿＿＿＿　　日期：＿＿＿＿＿＿＿＿＿

销售代理协议书

销售代理协议书指的是代理人为委托人销售某些特定产品或者全部产品所签订的协议。代理人对条款、价格及其他交易条件可全权处理。这种代理商在纺织、木材、某些金属产品、某些食品、设备、汽车、服装等行业中较常见，这些行业竞争十分激烈，产品销路对企业的生存至关重要。

代理与代销有较为明显的区别：从理论上讲，销售代理是直接代理，而代销是间接代理。从实务上讲，代销商是以自己的名义代销产品；销售代理中，代理商以委托方的名义售卖产品。

写作要点：

生产单位或生产企业委托中间商在某地区或市场销售其全部产品，就是销售代理。销售代理协议应包括以下内容：①代理人的权力和义务；②制造商的权力和义务；③明确代理的范围和区域；④明确佣金的计算方法；⑤协议的期限；⑥违约责任及仲裁相关事项。

参考范文：

××公司销售代理协议书范本

第一条 约因

制造商：_____

地址：_____ 邮政编码：_____

电话：_____

代理方：_____

地址：_____ 邮政编码：_____

电话：_____

经双方平等、自愿协商，达成本销售代理协议，同意将下列产品_____（简称产品）的独家代理权授予代理方（简称代理人）。代理人优先在下列指定地区（简称地区）推销产品：_____ 国 _____ 省 _____ 市（区）。

第二条 代理业务的职责范围

代理人是_____市场的全权代理，应收集信息，尽力促进产品的销售。代理人应精通所推销产品的技术性能。代理所得佣金应包括为促进销售所需费用。

第三条 代理人的义务

代理人应在该地区拓展用户。代理人应向制造商转送接收到的报价和订单。代理人无权代表制造商签订任何具有约束的合约。代理人应把制造商规定的销售条款对用户解释。制造商可不受任何约束地拒绝代理人转送的任何询价及订单。

第四条 代理人的财务责任

1. 代理人应采取适当方式了解当地订货人的支付能力并协助制造商收回应付货款。通常的索款及协助收回应付货款的开支应由制造商负担。

2. 未经同意，代理人无权也无义务以制造商的名义接受付款。

第五条 广告和展览会业务的办理

为促进产品在该地区的销售，代理人应刊登一切必要的广告并支付广告费用。凡参加展销会需经双方事先商议后办理。

第六条 提供信息

代理人应尽力向制造商提供商品的市场和竞争等方面的信息，每___个月需向制造商汇报一次工作。

第七条 用户意见

代理人有权接受用户对产品的意见和申诉，及时通知制造商并关注制造商的切身利益。

第八条 保密

1. 代理人在协议有效期内或协议终止后，不得泄露制造商的商业机密，也不得将该机密超越协议范围使用。

2. 所有产品设计和说明均属制造商所有，代理人应在协议终止时归还给制造商。

第九条 保证不竞争

1. 代理人不应与制造商或帮助他人与制造商竞争，代理人更不应制造代理产品或类似于代理的产品，也不应从与制造商竞争的任何企业中获利。同时，代理人不应代理或销售与代理产品相同或类似的任何产品。

2. 此合约一经生效，代理人应将与其他企业签订的有约束性的协议告知制造商。不论是作为代理的或经销的，此后再签定的任何协议均应告之制造商，代理人在进行其他活动时，决不能忽视其对制造商承担的义务而影响任务的完成。

第十条 工业产权的保护

代理人发现第三方侵犯制造商的工业产权或有损于制造商利益的任何非法行为，代理人应据实向制造商报告。代理人应尽最大努力并按制造商的指示，帮助制造商使其不受这类行为的侵害，制造商将承担正常代理活动以外的费用。

第十一条 分包代理

代理人事先经制造商同意后可聘用分包代理人，代理人应对该分包代理人的活动负全部责任。

第十二条 技术帮助

制造商应帮助代理人培训雇员，使其获得代理产品的技术知识。代理人应支付其雇员往返交通费用及工资，制造商提供食宿。

第十三条 独家销售权的范围

制造商不得同意他人在该地区取得代理或销售协议产品的权利。制造商应把其收到的直接来自该地区用户的订单通知代理人。代理人有权按第十五条规定获得该订单的佣金。

第十四条 平分佣金

两个不同地区的两个代理人为争取订单都作出极大努力，当订单于某一代理人所在地，而供货之制造厂位于另一代理人所在地时，则佣金由两个代理人平均分配。

第十五条 佣金数额

代理人的佣金以每次售出并签字的协议产品为基础，其收佣百分比如下：

1. ＿＿＿＿＿＿＿元按＿＿＿＿%收佣。

2. ＿＿＿＿＿＿＿元按＿＿＿＿%收佣。

第十六条 佣金计算方法

佣金以发票金额计算，任何附加费用如包装费、运输费、保险费、海关税或由进口国家回收的关税等应另开支票。

第十七条 商业失败、合约终止

代理人所介绍的询价或订单，如制造商不予接受则无佣金。代理人所介绍的订单合约已中止，代理人无权索取佣金，若该合约的中止是由于制造商的责任，则不在此限。

第十八条 支付佣金的时间

制造商每季度应向代理人说明佣金数额和付佣金的有关情况，制造商在收到货款后，应在30天内支付佣金。

第十九条 佣金的索取权

代理人有权根据每次用户购货所支付的货款按比例收取佣金。如用户没支付全部货款，则根据制造商实收货款按比例收取佣金。若由于制造商的原因用户拒付货款，则不在此限。

第二十条 排除其他报酬

代理人在完成本协议之义务时所发生的全部费用，除非另有允诺，应按第十八条之规定支付佣金。

第二十一条 支付佣金的货币

佣金按成交的货币来计算和支付。

第二十二条 提前终止

任何一方无权提前终止本协议，除非遵照适用的＿＿＿＿＿＿＿＿法律具有充分说服力的理由方能终止本协议。

第二十三条 协议期限

本协议在双方签字后生效。协议执行一年后，一方提前3个月通知可终止协议。如协议不在该日终止，可提前3个月通知，于下年的××月××日终止。

第二十四条 未完之商务

协议到期时，由代理人提出终止但在协议期满后又执行协议，应按第15条支付代理人佣金。代理人届时仍应承担履行协议义务之职责。

第二十五条 存货的退回

协议期满时，代理人若储有代理产品和备件，应按制造商指示退回，费用由制造商负担。

第二十六条 变更

本协议的变更或附加条款，应以书面形式为准。

第二十七条 赔偿

协议除因一方违约而终止外，由于协议终止或未能重新签约，则不予赔偿。

第二十八条 留置权

代理人对制造商的财产无留置权。

第二十九条 禁止转让

本协议未经事先协商不得转让。

第三十条 法律适用

本协议的签订、履行均适用_____国之现行法律。

第三十一条 仲裁

双方在履行本协议发生争议，经协商未果时，提交_____国_____市仲裁委员会按法令规定的程序进行仲裁，仲裁裁决为终局裁决。仲裁费用由败诉方承担。

制造商：_____   代理人：_____

代　　表：_____   代　　表：_____

_____年____月____日   _____年____月____日

产品经销合同

产品经销合同指的是厂家与经销商签订的经销方式下双方权利和义务的书面文件，具有法律效力。我国在实际业务中一般只在经销合同中规定双方当事人的权利义务和一般交易条件，以后每批货的交付要依据经销合同订立具体的买卖合同，明确价格、数量、交货期甚至支付方式等具体交易条件。

对于厂家来讲，采用经销方式是稳固市场、扩大销售的有效途径之一。这主要是因为，在经销方式下，厂家通常要在价格、支付条件等方面给予经销商一定的优惠，这有利于调动经销商的积极性，利用其经销渠道为厂家推销商品服务。

写作要点：

总体来说，经销合同是买卖合同的一种，但经销合同又有自己的特点：在一般的买卖合同中，卖方只要与买方协商一致，就可以确定产品价格；而在经销合同中，有时生产厂家会规定经销商销售的最低价格，甚至规定所有经销该产品的统一价格；在退换货方面，经销合同的规定往往比买卖合同规定的要宽松许多。

一般的买卖合同，主要强调是对某种商品的一次性的买卖，而经销合同是对某种商品的连续性的买卖。在一般的买卖合同中，卖方不关心买方对产品使用的用途，而在经销合同中，有时生产厂家会规定经销商销售的地域。

经销商直接面临消费者，往往第一个面对矛盾，他们最担心的是在出现问题后如何解决。在经营活动中，由于供货商的原因，经销商会在两个方面引起麻烦：一是由于产品质量的问题，消费者要求索赔；二是由于知识产权等问题，第三人要求侵权赔偿。所以，制订产品经销合同应重视经销合同的每个条款，以最大限度保障当事人的利益。

参考范文:

××产品经销合同

甲方:_____

乙方:_____

根据《中华人民共和国合同法》和《中华人民共和国商标法》有关规定,并由双方经过友好协商,在互惠互利的基础上,甲方(_____总代理)与乙方自愿签定本合同。

第一条 甲方指定乙方为_____产品_____市经销商。甲方授权乙方在合同期内合法经营甲方拥有_____产品。指定区域为_____范围内。

第二条 合同期限为_____年____月____日至_____年____月____日。

第三条 甲方的义务

甲方有义务协助乙方在本合同指定区域内建立完整的经销网络体系。

甲方向乙方提供_____标识产品及标准并协助乙方培训网络销售人员。

甲方在乙方区域中的各类宣传活动应在相关方面体现乙方的名称、标识、地址,依靠品牌日益提升的企业形象树立提升乙方的知名度及企业形象。

甲方承担产品质量责任,实行因产品质量问题的包退、包换政策。

甲方以不断完善和先进的资讯手段为乙方提供相关信息的服务。

甲方视乙方在经销地区的具体发展情况予以适度的广告等方面的支持及派市场管理人员到乙方所在地协助开展相关工作。

甲方竭诚为乙方提供市场支援和管理调控及对外协调支持。

合同一经双方盖章签字后生效,甲方将授予乙方授权经销书与经销牌。

第四条 甲方的权利

甲方有权管理和监督乙方对_____产品的经销情况,甲方有权在乙方经销区内发展二级经销商,签订合同后交乙方管理。

甲方有权要求乙方不得在合同指定范围以外地区从事与合同事宜相雷同的经营活动。

甲方有权对乙方的不正当经营方法予以警告,严重者取消经销资格,并追究其法律责任。

甲方对乙方在合同以外的经营活动及违法活动不负法律与经济连带责任。

甲方有权对乙方的正常运作中各经营项目的实施情况进行核实（特别是产品的批发，零售价格及库存）。

甲方有权要求乙方遵循甲方统一的经营管理模式及标准（仅限特许专卖）。

第五条 乙方的义务

乙方经销产品的时间，必须在本合同签订后_____天内开始。

乙方须遵守甲方的有关销售制度及规章，接受甲方的监督。

乙方确保经营场地中的甲方产品摆放突出，有关人员及资金等经营条件投入的稳定与持续。

保护甲方的品牌形象、商标及其经营管理制度和规范不受侵犯，在发生此类现象和行为时，协助甲方完成法律和其他形式的措施办法。

未经甲方许可，乙方不得将经销权及甲方的产品提供给第三方或以外其他行业。

乙方只能在授权地区使用、销售带有标识的各种宣传品及产品。

乙方须定期准确、全面地向甲方提供产品及其他促销品的进、销、存报表及其他市场信息。

乙方不得经营与甲方同类、价格大致相同的竞争性产品。

乙方只能在经销区域内销售甲方产品，不得跨区域销售甲方产品，并保证年销售额不少于人民币_____元。乙方日常存货量不低于进货的50%。若乙方违反本合同相关条款，甲方有权取消乙方经销权，同时收回经销牌及有关证书，乙方不得有异议，并于当月结清与甲方之所属债权债务关系。

第六条 乙方的权利

乙方有权依照甲方有关（统一）规定在指定区域内为发展_____产品分销网络而开发终端经销商，推广系列产品。

乙方有权获得甲方的资讯系统的支持。

乙方有权获得甲方在产品经销及市场宣传广告上的规定的统一大支持。

乙方有权要求甲方在日常管理中的专业服务。

针对指定区域内的具体情况，乙方对甲方有关经营管理制度规范有调整建议权。

第七条 守密义务

除法律规定必须公开外，乙方不得向第三者展示甲方营业报告书，价格表及其他有关和有损甲方利益的情况。

乙方不得向第三者泄露甲方按合同规定给乙方的经营管理资产秘密，企业标准及有损甲方利益的资料。

乙方有责任保证其职员不向第三者泄露秘密。

前三款规定的乙方保守秘密义务在本合同期满后一年内仍然生效。

甲方提供给乙方的授权经营书，和其他文件归甲方所有，乙方须负责保存，合同终止时即刻归还甲方。

第八条 结算及发货

乙方根据市场销售情况通过传真、信函、电邮提前_____日向甲方订货，甲方接到乙方订单三个工作日内答复，并有计划迅速组织按日期将货物通过_____等方式发往双方协定的乙方目的地，其运费由_____负担，保险费由_____负担。

乙方向甲方要求定货时，应将货款总额的____%付给甲方后，甲方予以发货。余款在____天内全部付完，如乙方不能在规定时间内付完货款，甲方有权拒绝发货。乙方收货后，应对货物品种，数量进行验收，如有异议应在收货后两日内以书面形式通知甲方，以便及时处理，否则视为无异议。

第九条 合同期限

本合同自双方代表签字盖章后生效（需同时加盖骑缝印章），具法律效力自签订之日起执行，在合同期满时双方若有意续签合同，需提前一个月向对方提出续签协议及有关章节修正条款事宜，经双方同意续签合同，否则视为自动终止。遇有下列情况，本合同终止：合作期满，甲乙双方决定不延长合作期；由于国家政策和法律影响致使合同无法继续；甲乙双方中任何一方违反本合同的规定，另一方有权终止要求赔偿；由于不可抗拒的外力影响致使本合同无法执行。

第十条 违约责任

出现以下情况之一者，甲方视情节轻重，对经销商给予取消返利××%~××%的处罚。

1. 违反保密义务，导致公司一般损失的。

2. 对甲方采取不合作态度或者有损害甲方产品信誉行为时。

3. 未按甲方有关规定和本制度进行业务技术运作和处理的。

本条所称"一般损失"，是指损害公司商誉等价值，但不足以影响公司在该区域的形象及产品形象的；或者经济利益损失在_____元以下的；或者将本合同的内容透露给第三方，但人数不少于2人，或者违反公司的保密制度，透露机密级以下的相关资讯及商业信息的。

出现以下情况之一者，甲方将提前30天以书面形式通知，对经销商给予吊销资格的处罚：

1. 违反保密义务，导致公司重大损失的。

2. 其他严重违反公司规章制度或合同的行为。

3. 未按公司质保规定进行质量保证的。

4. 对甲方采取不合作态度或者有损害甲方产品信誉行为，情节严重的。

5. 连续两年达不到规定销售责任额时。

6. 未经甲方同意，代理销售与甲方产品相类似产品的。

7. 出现技术服务失控导致重大质量事故的。

8. 不遵守指定的销售区域，以非指定价格在其他销售区域销售产品，造成与其他销售代理纠纷时，将按实际冲货金额（按零售价计）的1~2倍赔偿给被冲货方，如经销商拒绝赔偿，甲方有权从其购货款中直接扣款赔偿给被冲货方，同时终止经销合同。

本条所称"重大损失"，是指利益损失高于上述"一般损失"或者程度深于"一般损失"的损失。

如乙方违反本协议第七条的，甲方有权向乙方追究由此引起的经济损失，并按损失的两倍赔偿给甲方。

第十一条 争议的解决方式

本合同一式____份，双方各执____份。

如双方有争议，应及时协商解决，协商不成时，以甲方所在地法院为管辖法院。本合同如有未尽事宜，须经甲乙双方共同协商作出补充，补充协议与本合同具有同等效力。

乙方在签订合同时应附下列资料：营业执照复印件、税务登记证复印件、法人代码证和法人身份证复印件。如有委托代表人须附上法定代表人亲笔签署及加盖印章的授权文件。

甲方（盖章）：_____	乙方（盖章）：_____
法定代表人（签字）：_____	法定代表人（签字）：_____
地址：_____	地址：_____
电话：_____	电话：_____
开户行：_____	开户行：_____
银行帐号：_____	银行帐号：_____
税务登记证号：_____	税务登记证号：_____
_____年____月____日	_____年____月____日
签订地点：_____	签订地点：_____

下篇　活动策划

第九章 庆典活动策划

奠基仪式策划

奠基仪式是各类开业仪式的形式之一，通常是一些重要的建筑物，比如大厦、场馆、亭台、楼阁、园林、纪念碑等，在动工修建之初，所正式举行的庆贺性活动。奠基仪式策划就是根据项目主办方想要达到的目的进行主线的设计，比如奠基典礼主线、剪彩仪式主线、新闻发布会主线等，针对主线的不同进行气氛的渲染和效果的呈现。

策划要点：

在策划之前应对这个项目进行细致的了解：发起方、承办方、参与人、仪式的主题、邀请到的嘉宾、想要达到的目的等。要考虑典礼进行的环节设计是否符合企业的形象。还要控制媒体影响范围。

策划范例：

×× 公司开工奠基仪式策划方案

一、仪式主题

××公司开工奠基典礼暨新闻发布会或奠基典礼暨剪彩仪式等和活动主线有关的主题，以及典礼仪式的封面设计。

二、仪式时间

20××年×月××日

三、仪式地点：××

四、前期准备工作

1. 提前××天确定庆典公司。

2. 提前××天向××市气象局获取开盘当日的天气情况资料。

3. 提前××天落实落实活动范围内保安指挥和负责秩序工作。

4. 前期电视台宣传造势，制造声势。

5. 制作精美小礼品。

6. 主场地布置及舞台搭建在前一天完成。

7. 提前一周确定贵宾、嘉宾名单。

8. 提前做好活动现场的礼品工作，提前5天办理升空气球所需的消防审批并向气象局备案（庆典公司负责）。

五、奠基仪式现场的规划设计

为体现××工程圆满完成的隆重与热烈，庆典公司对奠基仪式现场进行设计布置，并对当日活动进行策划安排。

1. 主席台前设置奠基坑，放置奠基石。

2. 在主会场入口布置彩虹门，通道铺设红地毯，道路两边布置鲜花篮。

3. 现场四周布置气模、彩旗、空飘球等。

4. 背景板喷绘主题——"××公司开工奠基仪式"。

5. 主席台四周布置绿色植物装饰，布置安装音响系统。

6. 设置××奠基仪式主会场，搭建主观礼台（主席台）。

7. 剪彩区设在工地门口。具体设计如下：

（1）主席台区：设在××，其左侧为贵宾致辞专用麦克风（透明有机玻璃，上有精美插花），右侧为主持人用立式麦克风，台面铺有红色地毯，红色地毯上铺金色布幔地毯。

（2）嘉宾区：设在剪彩区两侧。

六、奠基仪式流程

1. 礼仪人员引导嘉宾、媒体等出席人员入场。

2. 出席人员进行签到仪式。

3. 由主持人或司仪宣布奠基典礼开始，对到场重要嘉宾进行隆重介绍。

4. 引导公司领导进行发言，需要致辞的领导逐个进行发言。

5. 致辞领导间隔穿插节目表演。

6. 致辞结束，宣布奠基仪式正式开始，司仪邀请贵宾，由礼仪小姐引领到奠基仪式现场。

七、奠基仪式特色

根据活动目的制造典礼环节的瞩目点。

八、奠基仪式目的

有的企业想要借助奠基典礼宣传企业形象，有的想要对项目进行舆论造势，等等。目的不同，所要进行的侧重点就不同。

九、邀请的嘉宾

根据企业的需求邀请嘉宾。

十、注意事项及服务联系

1. 嘉宾、贵宾等到场后首先到接待处签到。

2. 与会人员车辆停放到工地现场，由保安负责看管。

3. 领导嘉宾按要求组织人员于9：30分前入场到位。

4. 与会人员要严格遵守会场纪律、听从指挥。

5. 签到处：签到处设有标示牌，并有礼仪小姐人负责签到。

6. 礼品发放区：专人负责。礼品暂定为××衬衫一件。

7. 贵宾休息区：设在公司大型会议室，设置沙发、饮料和水果，摆放精美插花作为点缀。

十一、宴会安排

1. 根据公司预算和宴会规格进行地点的选定和菜单的设置。

2. 根据宴会性质安排宴会内容。

十二、宴会结束。

1. 致感谢词。

2. 派车送嘉宾。

开业庆典策划书

开业庆典主要为商业性活动，开业庆典不只是一个简单的程序化庆典活动，而是一个经济实体打出形象广告的第一步。它标志着一个经济实体的成立，昭示着它已经站在了经济角逐的起跑线上。开业庆典的规模与气氛代表了一个工商企业的实力与风范。"开业"要确保"首战必胜"是所有新生项目的首要题目，尤其贸易竞争日趋激烈的今天，因此要做到：既有热烈的现场气氛，又有实实在在的前期活动宣传，就需要各种庆典活动具有惊爆性和知名度，作到先声夺人，站稳脚跟。

策划要点：

开业庆典可采取"人气——氛围——商机"的理念，采取三个操作步骤：激发人气；营造氛围；沉淀商机。把三个步骤整合起来策划实施，公司的开业就会体现出规模、实力、竞争力、知名度等。

策划范例：

××公司开业庆典策划方案

一、活动名称

××公司开业庆典

二、活动时间：20××年×月××日

三、活动地点：××大型商场

四、活动人群

商城领导、特邀嘉宾、四周居住区居民、拦截过往散客等。

五、活动目标

通过成功举办活动达到提高商场知名度和吸引消费者的目的。

六、实施方案

基于背景分析的特点，本商场可望引领区域消费的龙头，因此要逐渐提高知名度和美誉度，在消费者心中形成良好的消费者口碑以利于拓展商户。所有这些需要前期宣传活动来培养消费者的认知度。

七、充分准备

开业前在市内各主要街道和各大学校做巡回式的宣传演艺促销活动。开业前一周或××天，向四周居民以及过路职员和各个学校发放开业宣传资料。开业前一周或××天，在商城四周放置飘空气球，下悬开业庆典条幅，营造喜庆气氛。开业前一周，加大促销活动力度，确保开业当天的客流量。

八、活动原则

1. 必须在开业庆典活动的气势上营造规模，追求热烈气氛和吸引力。

2. 通过开业庆典，争取在周边居民中留下深刻的印象。

3. 要有持续的、新鲜的促销活动，最好能形成新闻点以便于于传播。

4. 促销活动的确能让顾客感到"实惠"，也能增加本商城的美誉度。

5. 本项目策划方案应该易于操纵实施，并具有风险可控性。

九、组织活动内容

1. 商场外气氛装饰。

2. 现场布置：舞台和音响配置，条幅、气球和花篮及冷烟火，礼仪组织等。

3. 后期宣传工作：连续三天演艺表演，保持一段时间的庆典气氛。

演艺活动策划书

演艺活动策划是演艺活动的基础部分，是有效地组织各种策略方法来实现演艺活动战略的一种系统工程，演艺活动策划是一种从无到有的精神活动。

策划要点：

演艺活动的策划必须要考虑到以下问题：演艺活动的成本及可操作性、实际可执行性；要明确演艺活动的目标——演艺活动不只是简单的一次活动，是要围绕着目标展开工作，要完全服务演艺活动的宗旨，这是演义活动最值得注意的地方。

策划范例：

××演艺活动策划方案

为进一步推进社区的蓬勃发展，促进社区精神文明建设，陶冶居民高尚的道德情操，为了营造××节日的喜庆气氛，现拟订于20××年×月××日，与社区人民共同打造一台迎××文艺演出。

具体实施方案如下：

一、整体情况

1. 文艺演出主题名称：迎××文艺演出

2. 演出目标：丰富居民的业余文化生活、营造××节日的喜庆气氛、增强社区凝聚力、构建××社区、展现文化公司和社区文艺风采。

3. 时间：20××年×月××日××：00—××：00

4. 地点：××

5. 主办单位：××文化公司

6. 协办单位：××

7. 演出职员：××

8. 演出职员及后勤工作职员共计：××人。

二、活动安排

（一）筹备阶段

1. 联系演出职员，进行沟通协调，确定演出具体事宜。

2. 确定工作职员配备及分工协作情况。

3. 落实演出所需各种硬件设施。

4. 进行演出前的宣传工作。

5. 邀请相关领导（暂定）。

（二）进展及控制阶段

1. 现场控制及协调。

2. 后勤服务保障。

3. 整个演出过程的治安治理。

（三）演出结束后的整理阶段

1. 观众的疏导。

2. 器材设备的收纳回还，桌椅搬运。

3. 垃圾清扫。

三、各小组任务

工作筹备小组组长：负责指导监视整场演出前后的各项工作。

副组长：协助组长进行治理协调。

小组成员：具体实施各项分类工作。

1. 机动小组：演出中突发情况的紧急预案及处理。

2. 后勤服务组：演出前的接待工作；演出期间会场后勤保障。

3. 治安治理小组：演出前后秩序的维护；演出期间会场纪律的维持。

4. 宣传小组：利用海报、横幅等方式开展宣传；现场摄影及DV摄像。

5. 节目协调小组：节目的核定及演出全流程的衔接、沟通。

四、节目安排

本次演出由××公司和社区共同打造，节目形式多样、题材新颖、喜闻乐见，另定节目清单。

第十章 主题活动策划

文化主题活动

　　文化主题活动是文化建设内在要求，也是行际之间、科室之间职工进行感情交流、工作交流的有效途径，还是活跃企业文化生活，增强团队凝聚力的有效方法。

　　通过开展健康向上的文体活动，丰富了人们的文化生活，陶冶了人们的情操，促进了文化建设和精神文明建设。

策划要点：

　　文化主题活动越来越受到企业的青睐。各种各样的文化主题活动不仅可以更好地推动企业文化建设，增强企业凝聚力、向心力，丰富广大员工的业余生活。有的企业还举办并请客户到现场的文化主题活动。以便增进客户对项目了解、抓住潜在客户的好方法。文化主题活动一般包括标题、文化主题背景、目标、调查分析、创意说明、媒介策略、活动计划等，如情况需要还要列出预算。

策划范例1：

"喜迎中秋，安全到家"安全谜语竞猜活动策划

一、活动目的

　　1. ××矿业集团所属企业和职工居住比较分散，如果大规模地组织全员开展安全教育活动，成本较大，为此，宜结合企业实际，抓住有利时机，开展成本低、宣传效果好、延续传播强、互动教育性强的活动。

2. ××矿业集团最近开展了"安全月"活动，紧临"安全月"，体现"安月全"的中秋节即将来临，而中秋节在我国是仅次于春节的第二大传统节日，是人们非常重视的一个节日；谜语竞猜是中秋节里的传统活动之一，也是人们喜闻乐见的游艺活动，所以，有可能以安全谜语竞猜的方式，再对员工进行安全宣传教育工作，这对正在开展和即将结束的"安全月"活动来讲，是对"安全月"的丰富，也是对本年"安全月"活动划上一个圆满句号的象征。

3. 安全是天大的事、安全是比天还大的事，把安全的地位看的多高都不为过；安全是一种没有责任事故、没有安全隐患的完美境界，而中秋节月亮圆满，也象征完美，把安全和中秋节联系起来策划和组织相关活动，能很好地强化、提升全员的安全意识。

二、"安全到家"的含义

1. 安全很重要，做好安全工作更重要，而且是首要的，企业尤其是高危性的矿山企业，把安全工作做得多么规范和多么严格，都不为过；安全是要做出来的，而且是应该要做好、做到位、做到家的。

2. 安全工作是一种专业性较强的工作，也是一项涉及多方面内容的系统工程，其中，开展安全宣传教育、提高全员安全意识是必不可少的重要环节；我们不仅要在企业范围、工作时间里来开展全员的安全宣传、教育工作，而且有必要依靠和发挥家庭也是一种较好的安全教育基地的功能和作用，让员工在时刻感受到家庭的温暖同时，还要感受到个人对家庭的责任、感受到安全工作对家庭的重要性，也就是说，企业要把安全工作真正做进职工的家里。

三、活动形式

1. 10月6日中秋节，以三辆班车送职工回家的途中开展此次活动为重点。××矿业集团接送职工上、下班的班车是非常有档次的，可以说是××矿业集团关爱员工的一个具体表现，也是乳山的一道流动风景线。在三辆班车送职工回家的途中，在车上开展主题为"喜迎中秋，安全到家"的安全谜语竞猜活动，既贴切、又形象。

2. 其他单位可在食堂或其他场合开展"喜迎中秋，安全到家"安全谜语竞猜活动。

3. 本次活动，以安全谜语为主，辅以安全知识问答题穿插。

四、奖品设置

为了体现"喜迎中秋,安全到家"中的把"安全"真正送进职工家里的含义,体现××矿业集团安全局面的形成也有职工家庭成员的功劳的意思,有必要选用家人能共同分享、能经常使用的物品为奖品,最好是有形有声的收音机。获奖职工把收音机奖品带回家以后,家庭成员一定会好奇地打听、了解其来由,职工可自豪地说是因为答对了安全谜语而获得的奖品;以后职工和家庭成员在看到获奖的收音机和在听收音机的时候,就能自然联想到安全、潜移默化感受安全,对职工今后高高兴兴地做好安全工作是会产生积极导向作用的。

当作奖品的收音机,其价格可根据企业实际情况去选购。

五、做好后续宣传报道工作,延伸安全文化活动效果

1. 公告"喜迎中秋,安全到家"安全谜语竞猜结果:因为有奖品、因为是游戏活动、因为是三辆车上同时开展的活动,而三辆车上的安全谜语又不一样,职工自然会对获奖结果感兴趣,一旦把谜语、安全知识题的猜中者或答对者的姓名等在板报和宣传橱窗、局域网中公榜,职工在看榜、交流的时候,自然会关注安全谜语的谜底,这无疑又是一次安全意识的强化。

2. 在送职工回家的班车上开展安全宣传教育工作,有一定新意,可以撰写标题为"'安全月'搞'全月'活动,××矿业集团安全真到家"的报道文章,投稿到有关媒体,这可进一步促进××矿业集团知名度的提高,也能进一步增强××矿业集团职工的自豪感。

六、安全谜语及安全知识问答题来源

1. 安全谜语。可由安环科和企管科共同搜集、整理、创作相关安全谜语。

2. 安全知识问答题。可由安环科和企管科组织出题,可包括××矿业集团的安全方针、今年"安全月"活动的主要内容、安全规范等。安全谜语和安全知识问答题的数量,可根据企业实际和班车途中的时间来准备。

七、费用估算

1. 三辆班车上,每辆班车上出××道谜语(含问答题),每个收音机的价格在××元钱的话,费用也就仅为××元左右。

2. 其他单位可根据实际情况,决定是否举办此次活动,如果举办的话,可设××~××个谜语(含问答题),费用在××~××元之间。

较少的费用,但产生的宣传效果将会很好。

策划范例2：

<u>策划范例2</u>：

在××学校宣传家乡××传统文化活动策划

一、活动主题：宣传××文化

二、活动时间：20××年×月××日

三、活动地点：环境楼××教室

四、活动方案

（一）活动重点

1. 详谈家乡风俗习惯、风味小吃、民间故事、历史名人、名人轶事、著名建筑、名胜古迹、民间艺术、服饰等。

2. 学生的家乡文化形成对比，来达到宣传效果。

（二）活动目的

文化也是一种地域现象，不同的国家和民族，其文化都有着各自的特征，而且相互交融和渗透。与其他国家和民族相比，中华民族传统文化具有以下三个主要特征：第一，源远流长，绵延不绝，具有强烈的时代性和顽强的再生力。第二，丰富多彩，博大精深，具有鲜明的整体性和活跃的多元性。第三，长于积淀，注重交流，具有相当的稳定性和一定的开放性。宣传家乡的传统文化活动，是为了让学生在活动中继承民族传统文化，弘扬民族精神，培养爱国主义情感。

五、活动准备

1. 班长、团支书通知学生调查搜集家乡特有节庆、传统习俗，传统文化艺术及渊源，各班派有家乡特色代表参加。

2. 要求文艺委员设计好黑板版面。

3. 要求召开会议讨论活动方案。

六、活动过程

1. 活动开始之前，由各班班长对本次活动进行简短发言。

2. 主持人介绍本次活动的主题，鼓励大家积极踊跃发言并进行表演，激发同学参与活动的热情，调动大家的积极性。

3. 同学在活动中可以以小品、话剧等方式来宣传家乡的传统文化。

4. 由主持人作简单的活动总结并宣布本次活动结束。

七、活动意义

在××节日来临之际通过这个活动体现中华民族五千多年的文明史，中华传统文化源远流长，博大精深。它作为一种积淀型文化，长期以来，形成了一种具有相对稳定性的民族精神。文化是一种历史现象，每一个时代，都有着与之相适应的文化，并随着社会物质生产的发展而发展。了解中华民族传统文化的辉煌成就，可以增强我们的民族自豪感，并激励我们去创造更大的辉煌。希望本次活动能增强学生对家乡的了解和认识，拓宽学生的视野。

社会赞助活动策划

社会赞助活动是指组织或团体通过提供资金、产品、设备、设施和免费服务的形式资助社会事业的活动。

赞助是一种商业行为，可以满足企业的特定营销目标和可评估的投资回报。同时，赞助是建立在双赢原则上的交易，交易双方都能获益。

策划要点：

社会组织的赞助活动中，作为一种投资行为和宣传方式，具有较强的政策性与技巧性，在写策划书的时候一定要注意以下几点：

1. 脉络要清晰，让商家一看你的策划书，就知道你的大概意思。

2. 宣传方案要新颖。宣传方案是策划书的主要部分，也是吸引商家的本钱。只有宣传方案让商家觉得那对他们商品的宣传非常有用，他们才会愿意和你合作。

3. 实事求是。无论是在确定宣传方案，还是经费预算，都不能泛泛的，一直在夸大。一定程度偏离事实是必要的，但是如果偏离的太厉害了，会让商家对你不信任。没有信任做基础，商家就不会跟你合作

策划范例 1：

××公司第××届××锦标赛赞助方案

一、活动基本情况

主办单位：××；承办单位：××；广告独家代理：××公司

二、活动时间：20××年×月××日—×月××日

三、活动地点：××商业中心

四、活动目的

展示、竞技等活动，吸引市民参与到现场的活动中来，同时也为赞助商的企业形象和产品形象推广助力。

五、活动背景

世界各国的体育运动运动员、教练员、裁判、专业人士、爱好者、体育明星及世乒赛官员、各国体育记者、外地来沪观摩人士及众多商家将云集上海。同时，组委会还将辅以一定的户外和电视、平面媒体进行专题宣传。并拟邀请一些媒体记者进行现场的专题采访和报道。企业和产品曝光率、广告效应在此期间会十分明显。

六、活动内容

1. 赞助商表演节目：现场搭建赞助商提供的舞台，为赞助商组织相关主题的节目表演和竞猜活动。

2. 赞助商形象和产品展示：在现场附近，由赞助商提供产品及宣传资料，由促销小姐进行展示和推广。

3. 乒乓球知识竞猜：以乒乓球为主题的趣味竞技游戏和问答活动，获胜者有机会在世乒赛主会场与超级球星过招和赢取丰厚奖品。

4. 乒乓练习营、训练辅导：由乒乓球学校的专业老师和学生与市民同台练技并予以辅导。

5. 乒乓名将介绍：乒乓明星见面等。

6. 纪念品销售：销售世乒赛纪念品等。

7. 赞助商提出的其他形式的活动。

七、赛事回报

1. 海报宣传广告。

2. 赛事指南广告。

3. 体育场外圈马路电杆刀旗××组。

4. 平面媒体列名祝贺广告。

5. 市区内活动表演××地。

6. 现场标准展台××个。

7. 室外展示促销摊位（光地）××个。

8. 比赛场馆内外广告。

9. 外场馆进口处拱门××块。

10. 场内一层围栏广告××块。

11. 场内二层围栏广告××块。

12. 赞助商提出经活动组委会确认的其它权益。

策划范例 2：

××公益活动赞助策划书

一、前言

作为青春的代言人，大学生总洋溢着年轻的活力、充满着狂热的激情，对新奇有趣的大型活动必定会踊跃参与，全程投入。这类的活动必能让主办方的知名度得到很大的提高，同时也让赞助商家达到想要的最佳宣传效果，从而大家都得以大丰收。

现在人们注重生活质量，更多的人选择旅游这种方式，出去走走，看看外面的大千世界，传统的出行方式深受人们的青睐，但是一种新的出游方式也在悄悄兴起，那就是自行车旅行！

在中国这个世界闻名的自行车王国，自行车一直被视作交通工具，骑着它上班、买菜、接送孩子。然而，在现代交通工具越来越发达的今天，自行车则越来越成为一种绿色、时尚的新生存方式。骑车出行，避免了开车的尾气排放，保护了环境，同时又可以运动身体，亲近自然，体会清风拂面的乐趣。在当今倡导低碳生活的社会下，自行车不失为最好的选择！

二、活动主题

"××车队"环××低碳公益骑行

三、活动时间：20××年×月

四、活动简介

此次骑行为公益骑行，全队一行×人，旨在倡导绿色环保的出行方式，提倡低碳生活，绿色旅游，推广自行车运动。此次骑行队员均为在校大学生，都有过长途骑行经历以及参加各种公益活动的经历。我们年轻，有梦想，有激情，有相对充裕的时间，只是缺少一个舞台。

骑行预计用时××天，从××出发，经××、××、××、××、××、××、××、××等城市，最终返回××，顺时针绕××骑行，沿途宣传低碳环保的生活方式，使低碳环保转化为实际行动。沿途经过重要景点，车队展示横幅，拍照宣传。骑行全程××公里，经过大中小城市、乡镇××余座，覆盖城市与乡村，我们通过骑自行车的方式沿途宣传倡导低碳生活,可以达到预计的宣传效果。

五、宣传方式

1. 出发宣传。以实际环保行动为主题，联系媒体，在特定活动场地进行出发仪式，扩大影响。（与赞助方共同完成）

2. 沿途宣传。

（1）通过服装和物品上印的logo、条幅等沿途当做宣传。

（2）以游记、照片、微博等多种方式在网上实时发布。

3. 终点宣传。返回××以后，可以在××各个景点、人群密集区进行各样的宣传活动。具体活动方式可以根据赞助方式详谈。

4. 校园宣传。返回学校后，可以进行摄影展、骑行演讲等校园活动。配合各种社团、组织进行骑行运动的推广，制造长期影响。

六、宣传效果预测

1. 宣传重点。以环保出行、低碳旅游为宣传的重点，沿途考察各地风土人情，倡导低碳环保的生活方式。

2. 宣传范围。可以大力借助电视媒体、报纸、网络等媒体宣传，骑行经过的城市范围，甚至在整个××地区，达到极高的影响力度。

3. 效果预测。各类休闲运动品牌、旅行社、户外运动、骑行装备都具有切合活动主题，利于宣传面的扩大；各大龙头企业、公司也可以借助此次机会宣传自己的企业文化以及环保意识。活动所有公开名称均冠以赞助商以及公司产品名称（服装、条幅、旗帜、海报等），配合骑行活动前后赞助商安排的一切公益活动，在论坛发布骑行活动的游记日程特殊经历和视频、照片；向赞助商提供活动行程照片，以便企业日后宣传。

七、赞助形式：活动资金

骑行装备包括：专业骑行头盔（××元）、长袖骑行服（××元/套）、

驼包（背包）（××元）、骑行雨衣（××元）、手套（××元）、骑行风镜（××元）、水壶（××元/个）等

活动资金：（本车队一行××人，以下预算为单车单人）

车用工具：估价××元（包括自行车后架、挡泥板、水壶架、码表、车前灯或头灯）

修车套装：含内六角×个、活动扳手×把、一字及十字螺丝刀×把、鱼尾钳×把、补胎套装、轻便打气筒

备用零件：估价××元，如是碟刹系统则需××元

刹车线及变速线套装必备，内含刹车线前后各×个、前后变速线各×个、内胎×个、刹车皮×个（V刹系统）、备用螺丝若干、备用铁丝（无合适螺丝时用于连接）

急救药品：估价××元（感冒药、医用纱布、创可贴、泄立停、霍香正气水、麝香壮骨膏、阿莫西林或其他消炎药）

日常生活（全程吃住）估价××元/人，按一天每人吃饭××元、住宿××元、水源补给××元

××天费用=××元

其他（船票、自行车托运费）估价××元/人

人身意外保险：××元/人

费用总计约×××元（骑行装备除外）

低碳旅游需要您的支持，低碳生活需要每一个人的点滴之行！这仅仅是一个开始，我们还会继续努力，尽我们的微薄之力来搞一些小型的公益活动，使"低碳生活"不再是一句口号，而是切实的转化成一种健康的生活方式，一种积极的人生态度！希望本次活动能得到贵集团（公司）的支持！

会展策划

会展策划是指充分利用现有信息和资源，判断事物变化发展的趋势，全面构思、设计，选择合理、有效的方案，使之达到预期目标的活动。

会展策划的内容主要包括：展会名称和地点、办展机构、展品范围、办展时间、展会规模、展会定位、招展计划、宣传推广和招商计划、展会进度计划、现场管理计划、相关活动计划等。

策划要点：

策划是一个综合性的系统工程，目标是起点，信息是基础，创意是核心。会展策划就是会展企业根据收集和掌握的信息，对会展项目的立项、方案实施、品牌树立和推广、会展相关活动的开展、会展营销及会展管理进行总体部署和具有前瞻性规划的活动。

会展策划对会展活动的全过程进行全方位的设计并找出最佳解决方案，以实现企业开展会展活动的目标。

会展布展策划应按以下流程进行：

1. 对企业进行有针对性的市场调研。
2. 制定详细完整的会展策划方案。
3. 实施前的培训。
4. 印刷材料的设计制作。
5. 展台的布置及展示。
6. 相关的会展服务。
7. 做好对活动的评估。

策划范例 1：

××汽车 20××年会展策划方案

一、活动背景

××市委、市政府坚持"打基础、造环境、抓服务、重管理、促发展"的工作思路，主动打好"××牌"，配合××"东进"，实施"南部带动""工业强市""北部追赶"和"可持续发展"战略，突出产业化结构调整、基础教育、基础设施和城市化建设等重点工作，保持了全市社会政治稳定，经济和社会各项事业快速健康发展。随着经济社会的快速发展，××的综合实力在不断增强，近两年来全市生产总值快速增长。在这种良好的态势下，××旅游业、会展业也将步入一个新的台阶，在全市经济中占的份额也在逐年提高，每年都吸引了大批的海内外嘉宾，已成为全市经济发展的重要增长点和朝阳产业。

近几年来，中国的汽车产业和汽车市场发展极为迅速。20××年汽车年产销量双双超过××万辆，汽车投资方兴未艾，××款新车型竞相亮相，性价比及服务体系日臻优化，五大政策即将出台，国内汽车消费占全球汽车消费比例猛增至××%。中国的汽车市场在全球的分量日益重要，为汽车展览的发展提供了经济基础和强有力的产业背景支持。而汽车展览作为人们与汽车近距离接触的最全面、便捷的交流方式，在推动汽车市场发展方面也具有显而易见的重要作用。

二、基本情况

1. 活动主题：

本次车展以"××走进生活"为主题

2. 活动特色：

拓市场、创销量、树品牌、多元化、展示汽车文化与技术的专业汽车展。

3. 举办时间：20××年××月××日—20××年××月××日

4. 举办地点：××广场

5. 组织结构：××

主办单位：

××市文化局

××电视台

××日报社

承办单位：

××策划公司

协办单位：

××汽车城

赞助单位：

中国移动通信有限责任公司××分公司

三、活动内容

展会将推出四大板块：

第一板块为经贸洽谈，主要包括汽车项目的招商引资，以及贸易合作洽谈会，汽车拍卖与销售。第二板块为高峰论坛。第三板块为文化交流，主要包括中国国际汽车模特大赛、颁奖文艺晚会、××首届汽车展览会开幕式、闭幕式及文艺晚会，汽车摄影图片展、广场文艺演出等内容。第四板块为汽车展览，主要包括国内外新款车展、汽车零部件展、汽车生产装备及维修保养技术的历史名车展、汽车装饰品展、汽车性能演示，以及高档摩托车展。

四、配套活动

汽车品牌推介、汽车模特大赛、汽车摄影展、汽车高档音响观摩、汽车试乘试驾、门票抽奖、汽车知识有奖问答、劲歌劲舞表演等。

五、展场规划

1. 概念车展示区：××广场室内展厅。

2. 乘用车展示区：一号展区。

3. 商用车展示区：二号展区。

4. 汽车配件展示区：三号展区。

5. 汽车饰品：四号展区。

6. 表演区：××广场舞台区。

六、媒体宣传

组委会将前期通过电视、广播、报纸、杂志及专业网站对本届展览会进行广泛深入的新闻宣传。总量达××万份的参观邀请将通过直接邮寄和参展单位派发等方式送达国内专业团体和观众。为使各参展商更好地宣传企业形象，扩大展会的影响，增加本届展会的文化内涵，组委会将推出一系列宣传广告项目为厂商服务，包括展览会吉祥物、入场券广告、会刊广告、现场广告、展会

vcd、图片资料等。组委会还将在展会期间与报业、电视、电台和网站等媒体合作，对展会进行现场报道，更好地为各参展企业服务。

策划范例2：

20××年××市家具展览会

一、前言

近年来随着经济发展的走高，人们的可支配消费能力也越来越强，在房产业迅猛发展的背后，做为安居置业的内容之一的家具业，在近年也被看好，家具产业前景广阔。家具行业有必要联盟展销，以全新的理念为广大的客户，也为自己提供一个交流洽谈贸易合作的最佳平台。

为了迅速提高××市人居环境水平，提高家具行业的形象，促进优化家具行业的发展，特举办首届××市家具展览会。本展会以××市会展中心为舞台，共同营造一个宣传及采购的氛围，引导××市市民对专业家具的消费意识，激发消费群体的消费欲，掀起一波家具装饰黄金潮，从而促进家具行业的发展，打造商家的美誉度及品牌形象，促进××市经济发展。

二、目的及意义

1. 促进××市家具行业的发展，提升××家具行业品牌形象。

2. 引导市民家具消费，提高市民人居环境水平。

3. 搭建一个家具行业展销平台。

三、主题

创新家具，品质生活

四、时间和地点

1. 时间：20××年×月××日—××日

2. 地点：××市会展中心

五、组织机构

主办单位：××市人民政府

××市家具行业协会

承办单位：××展览公司

六、参展范围

1. 现代家具：卧室家具、客厅家具、书房家具、办公家具、宾馆家具、教学家具、餐厅家具、整体厨房、户外家具、休闲家具、卫浴家具、藤制家具、软体家具、儿童家具、老年家具等。

2. 古典传统家具：红木家具、仿古家具、收藏家具、各种艺术收藏品等。

3. 家具机械：木工机械、金属家具机械、木工机械刀具及配件、木材干燥设备、软床垫生产设备、多层薄木弯曲设备、家具涂饰设备、气动工具、电动工具等。

4. 家具原辅材料：地板、门业、油漆、皮革、五金配件、布艺、涂料、胶粘剂、木材、人造板材、饰面料等。

5. 家居饰品：家纺系列、人造花卉、地毯、挂毯、家居灯饰、家用装饰镜、画、墙面装饰物、陶瓷、玻璃、石制装饰品、雕塑品架、家庭装饰小五金、家具配套装饰品及家居用品等。

6. 其他：各类家具专业期刊、图书、家具设计软件、家具企业管理软件等。

七、会展活动日程安排

日期	活动时间	活动主题	举办地点
4月8日	9:00-9:30	展会新闻发布会	银都酒店二楼会议室
	9:40-10:20	展会开幕式	梅湖会展中心广场
	13:30-15:30	技术交流会暨义卖慈善会	梅湖会展中心广场
	17:30-20:30	展会开幕酒会	银都酒店三楼宴会厅
4月9日	9:00-11:00	品牌推广会	梅湖会展中心广场
	13:30-15:30	家具模型设计大赛	梅湖会展中心广场
	16:00-16:30	义务投资环境推介会暨投资项目签约仪式	银都酒店二楼会议室
4月10号	9:00-11:30	家具行业新技术、新工艺、新产品研讨会暨发布会	银都酒店二楼会议室
	16:00-16:30	展会闭幕式	梅湖会展中心广场
	18:00-19:30	答谢晚宴	银都酒店三楼宴会厅

八、会展布置方案

地点：××市会展中心1号馆、2号馆、3号馆

技术保障：灯光、音响、通风设施、摄像头、耳麦

配套设施：

1. 在每个馆前设一个服务台（咨询台），安排志愿者配备一些宣传资料。

2. 在2号馆处设立餐厅。

3. 在馆内设一间休息间，一间吸烟室。

4. 在馆内设小摊点，卖饮料、水果、点心。

5. 预备装修人员和维护人员。

6. 出入口设施：应具备展品出入和人员出入的通道，一般两者分开设置。

7. 应急设施：应具备紧急通道、消防通道、安全出口、消防设施、医疗室等。

九、接待工作方案

1. 住宿安排。贵宾、官员、专家统一安排住银都大酒店。

一般参展商给予本地或邻边城市的宾馆住宿信息，提供预定房间的服务。

2. 餐饮安排。除贵宾、官员、专家外统一提供快餐（只限中餐）。

贵宾、官员、专家的早、中、晚三餐安排在××大酒店。

3. 现场服务。报到登记、咨询引导、展品接运、翻译、打印复制各种文件、收/发传真、现场广告制作、预订机票、火车票、汽车票，天气预报、邮政服务、广告服务、商务旅游咨询等。

十、展会费用预算

1. 项目筹备信息费用：包括会展前期联络数据的收集、整理，预计××万元人民币。

2. 人力、办公经费：主要包括工资、福利、保险、翻译、房租、交通、通讯、差旅费，等预计××万元人民币。

3. 会场服务性设备支出预算：

①特色活动的支出：××万元人民币。

②人员服务性支出：×万元人民币。

4. 宣传费用：包括广告宣传费用，预计××万元人民币，其中文件费用预计××万元人民币，各项招待费用预计××万元人民币，各项活动费用预计××万元人民币。

5. 特邀专家顾问的各项支出费用预计××万元人民币。

十一、宣传工作方案

1. 媒体广告

（1）电视和广播：在××电视台、××卫视、××电视台、××电台、××电视台等电视和电台。

（2）报纸：《××日报》《××晚报》《××日报》《××贸易报》《××商报》《××周刊》《××晚报》《××建材报》《××家具报》《××时报》《××报》《××商报》等。

（3）网络：在××家具网、××木雕网、××家具网、××家具网、××家具信息网、××家具网、××采购网、××建材交易网、××家具展览网、××资源网、××办公家具网等网站的开设醒目窗口。

（4）杂志：《××家具》《××家具商情》《××家具制造》《××木业》《××木材》《××家具资源广告》《××家具与室内装饰》《××现代装饰报》等杂志上刊登展会信息。

2. 户外广告

（1）海报：从机场、车站、市中心沿路一直贴到展览会场或展台，还有是在专业人员积聚地区等做专业宣传。

（2）广告牌：分部在展馆内外部，大广告牌在展馆外用来吸引观众，小广告牌在展馆内引导观众。

（3）广告条幅、彩球：在展馆外悬挂色彩鲜艳的广告条幅和彩球，可以制造出热闹的气氛，吸引观众的注意力并引导其走向展台。

3. 宣传资料

（1）宣传手册；

（2）宣传单；

（3）展会宣传片；

（4）招商书；

（5）邀请函；

（6）参展企业的宣传资料；

（7）展会快报；

（8）展会会刊；

（9）展会专刊；

（10）内部刊物。

第十一章 节假日活动策划

春节晚会策划

春节是中国最重大且最富有特色的传统节日，春节在中国已有4000多年的历史。关于春节的起源有多种说法，但其中为公众普遍接受的说法是春节由虞舜时期兴起。

企业春节晚会是一项综合性的活动，既要对晚会的节目、形式等提前策划安排，还要加强晚会进程的指导，活动组织要求高，难度较大，准备周期较长。

策划要点：

关于企业春节晚会活动策划：一方面给员工减压，增强员工内部的活力与凝聚力；另一方面通过活动的安排，让员工感受节日的欢乐与大家庭的温暖。通过活动的安排，提升员工的团队意识、协作意识、竞争意识。

策划范例：

××公司20××年春节晚会策划

一、前言

为丰富员工们的生活，为答谢全公司员工一年以来付出的辛勤努力，本公司将在20××年××月××日举行春节文艺晚会。

二、节目形式

节目设置上总体迎合各个年龄阶段观众的口味，以年轻化为主，并要求节目形式以及总体设计上的新颖，这是本次晚会筹备的首要任务。同时要采用一些传统的节目，丰富本次晚会的节目形式，使本次晚会定位在流行与传统的结合处，这将是本次晚会的出彩点。

同时，本次晚会将采用大量的多媒体技术，全方位提高春节晚会的技术含量以及品质，以此提升现场热度。

在晚会节目间穿插游戏，提高晚会的互动性和参与性，真正达到全员联欢的效果，更有助于同事关系的进一步融洽。

三、工作人员

1. 服务组工作人员若干：负责晚会礼仪、后勤方面的工作，本工作由行政主管负责。

2. 文案小组工作人员若干：负责晚会主持人串词的撰稿以及相关的通讯报导，该小组工作由客户服务部经理负责。

3. 主持人：主持人由××名员工组成，男生××名，女生××名。

4. 筹备组工作人员若干：负责晚会的总体策划方面工作，分为舞台设计及会场布置小组、节目审查小组，均由综合发展部具体负责。

5. 工程组工程人员若干：负责晚会的电脑、组网以及大厅投影切换，由技术总监等人负责。

四、观众群体

××公司：综合发展部、××软件研发基地、IT事业部、软硬件销售事业部、财务部。

五、会场

1. 会场四周用气球、灯笼、彩带等进行布置，舞美设计也要体现融洽祥和而喜庆的气氛，同时舞台设计上考虑到互动环节的观众进入场的方便。

2. 多媒体设备：投影仪××台、投影布××块、电脑若干。

3. 在场观众依靠投影观看会场比赛游戏，大厅投影在中途对每台电脑屏幕游戏进行切换，使其达到互动。

六、年度优秀员工表彰

活动的目的是总结公司20××年来取得的各项成就，突出员工爱岗敬业的精神，鼓舞员工在20××年保持良好的心态和工作激情，继续努力。也是借机展示公司的前景和良好的发展势头。

七、晚会节目评选活动

为了鼓舞员工辛勤的努力和高仰的激情，本评选活动特设订晚会节目部分奖项来鼓舞他们的工作热情、调动他们的积极性，使他们在以后的工作和活动中充分发挥自己的特长为本公司服务。

八、活动内容及流程

1. 活动预备事项（9∶00—16∶30）

2. 员工乘车前往酒店（17∶00）

3. 活动晚宴（17∶45—19∶00）

4. 新春晚会开始（19∶15）

5. 领导介绍及领导致词

6. 节目表演、互动游戏环节、各项奖项抽奖、20××年度优秀员工表彰及颁奖仪式

7. 晚会节目评选活动及颁奖

8. 晚会结束（21∶45）

九、活动费用预算

20××年××春节联欢晚会活动总费用：××××元

1. 晚会抽奖奖品费用

一等奖××名，奖励长城14寸笔记本T43–L系列一台，××××元/台，共计×××元

二等奖××名，奖励长城10寸上网本A89红黑系列一台，×××元/台，共计×××元

三等奖××名，奖励长城19寸液晶显示器M932系列一台，×××元/台，共计×××元

四等奖××名，奖励长城7寸数码相框PF7210系列一台，×××元/台，共计×××元

五等奖××名，奖励长城4GMP3播放器A18系列一台，×××元/台，共计×××元

奖品费用合计：××××元

2. 年会晚宴费用

餐饮：员工××桌，×××元/桌，共计×××元：领导、嘉宾××桌，×××元/桌，共计×××元

酒水：员工××桌，××元/桌，共计×××元；领导、嘉宾××桌，

×××元/桌，共计×××元

车辆；××辆，××元/辆，共计×××元

晚宴费用合计：××××元

3. 晚会物资、设备、服装等费用

舞台搭建×××元，舞台背景×××元

舞台灯光×××元，舞台音响（含音响师）×××元

服装租订××××元，主持人化妆、造型×××元

礼花××元，晚会水、糖果×××元

其他物资费用×××元

晚会费用合计：××××元

4. 嘉宾及组委会成员礼品

18份长城7寸数码相框，PF7210系列，×××元/台，共计：×××元

礼品费用合计：××××元

5. 晚会节目评选活动费用

一等奖××名，奖金×××元+荣誉证书

二等奖××名，奖金×××元+荣誉证书

三等奖××名，奖金×××元+荣誉证书

荣誉证书××本，共计××元

评选费用合计：××××元

十、活动注意事项

1. 本次晚会各单位推选的节目须在××年××月××日截止；各节目的审核、筛选须在××月××日前完成；晚会整体彩排须在××月××日前完成。

2. 晚会各项奖项抽奖奖品采购须在××月××日前完成；晚会所须物资及演员、工作人员礼品采购须在××月××日前完成。

3. 晚会活动所有费用预算及审批须在××月××日前完成；舞台搭建、服装租订、现场布置须在××月××日14：00前完成。

4. 节目单、主持稿、奖券制作、现场布置所需文档须在××月××日前完成；各级领导及嘉宾邀请确认须在××月××日前完成。

5. 活动晚宴酒店、餐饮、酒水、车辆及物资采购须在××月××日前完成。

6. 音响、灯光、拍照、音乐、节目CD的聘请及确认须在××月××日前

完成。

7. 主持人化妆、演员服装整理、晚会各项工作确定须在××月××日18：00前完成。

8. ××月××日上午发放抽奖券于各单位；下午17：30员工到达酒店时，将抽奖券投放于抽奖箱，抽奖箱于18：00封箱，由晚会组委会保管。

9. 员工入场后，各单位做人员核对工作；出行中特别注意人身安全及自身形象问题。

10. 本次活动员工坐车、晚宴、入场、领奖均以员工厂牌为证，请大家参加活动时带好自己的厂牌，便于组委会工作人员识别。

11. 全体晚会组委会成员须在××月××日15：30达到晚会活动现场，进行舞台现场布置及晚会流程确定工作。

12. 本次活动车辆由晚会组委会统一安排乘车。××月××日17：00全体人员在中电展厅前集合乘车前往酒店；21：45在荔珠国际大酒店门口乘车返回公司；住市区的人员可自行前往、返回。

十一、其他未尽事项请各位补充，谢谢！

圣诞节活动策划

圣诞节是西方传统节日，在每年12月25日，在我国，圣诞节日气氛较浓，很多商场的内部及外墙，早在11月中旬已有圣诞布置和灯饰。不少市民在12月上旬起，已开始相关活动，如观赏圣诞灯饰、开圣诞派对、吃圣诞大餐、交换圣诞礼物等。

策划要点：

对于商家，肯定不会错过任何一个能帮助他们带来利益的大型节日，随着圣诞节在世界各地的盛行，商家们也纷纷做起了圣诞节的噱头，就拿百货商场来说，每到节日临近时，各种各样的促销打折活动层出不穷，花样繁多。一般来说，圣诞活动都以制作圣诞贺卡、派发圣诞礼物的形式展开，以狂欢的节目推动圣诞的气氛，再辅助以抽奖活动、圣诞节祝愿活动等。

策划范例：

××商场圣诞节活动策划方案

一、**活动时间：** 20××年××月×日（周五）—××月××日（周日）

二、**活动主题：** 相约圣诞之夜（圣诞狂欢夜、欢乐优惠在圣诞）

三、**活动说明：** 策划具有独特风格的节日促销活动，引发市民对××百货的强烈关注，为冬季旺销打好基础。

四、**活动地点：** ××广场

五、**特别企划——公益活动**（主持人的串词穿插在节目中，发挥语气的渲

染之势）

每年的圣诞之夜，你是否会想到那个卖火柴的小女孩，是否会想起那个慈祥的老奶奶，其实在我们的周围，也有许多需要我们去关心的孩子，伸出您热情的双手，献出您的爱心，让我们共同给他们点亮"希望的火柴"。

您只要将自己的购物小票投在募捐箱内，我们就会将顾客投票金额的1%作为爱心公益捐献给这些孩子们，并从中征集××名公益热心者，在圣诞节当天，扮成圣诞老人去看望全市各大孤儿院、福利院儿童，给孩子们送去礼物，并与孩子一同嬉戏游乐。礼物设置：冬衣、食品、玩具、帽子、袜子等。

操作说明：邀请相关媒体对此次活动进行报道，并邀请公证单位对此活动进行公证，此次活动有助于引导市民关心和爱护弱势群体，提倡公益爱心，也有助于提升××百货的美誉度。

六、活动内容

（一）卖场圣诞氛围营造

1. 划出圣诞商品区域，陈列各种圣诞礼品，圣诞树排成一排，配以各种彩灯、装饰品等，加上海报、音乐等来渲染圣诞氛围，将商场变成圣诞晚会的天堂。

2. 营业员和收银员全部戴一顶红色圣诞小帽子，衬托节日气氛，刺激顾客消费。

3. 门前广场可设置这样一个场景造型：在雪地上矗立着一座别墅式的房子，房子周围是浓郁的圣诞树，并有着一个美丽的花园，整个房屋透着黄色的温暖的灯光，透过窗户可看到一家人的身影，正在欢快忙碌着准备圣诞晚会，精心布置圣诞树，圣诞老人正悄悄爬上烟囱，悠扬的音乐从圣诞屋中飘出。整个场景静谧而欢快，有动有静，栩栩如生，充满了情趣。

注：音乐必不可缺少的，给整个场景增加动感，可以播放一些经典的曲子。

（二）主持人节目促销活动

1. 购物送免费餐券

兑换地点：总服务台。

商场消费满××元，可获××饮食免费券一张××元，满××送两张，限单张小票，不可累计。操作说明：对于年轻顾客和小孩来说，过圣诞节总是免不了吃的，餐券倍受欢迎。

2. 购物送手套，还有连环大惊喜

商场购物满××元，凭购物小票，赠送一双手套（手套价值××元左右），在手套里还藏有奖券。同期可开展"手套节"，展出销售不同款式的各类手套。

奖券奖项设置（可根据实际情况定夺）：

一等奖：××名，××奖励

二等奖：××名，××奖励

三等奖：××名，××奖励

四等奖：××名，圣诞贺卡一张

所有奖券上都应该写上祝福语：圣诞快乐、新年快乐。

操作说明：手套也是人们不可少的防寒用品，购物送手套，对顾客来说比较实用，将奖券藏在手套里也是一个新颖的促销方式，跟西方的小孩在过圣诞节时在长袜子里得到礼物有异曲同工之妙。作为赠品的手套可为同一价位不同款式不同颜色的手套，顾客在选定一副手套后，不可再次挑选更换。奖券制作尺寸不宜太大，以方便藏在手套里不会轻易掉出来。

注：购物赠品还可为一些时尚台历、圣诞礼品、平安符（平安夜赠送平安符）等。

3. 购物送××礼物

联合厂家一同举行此促销活动，购物满××元送××小礼品，满××元送大礼品，以此类推。操作说明：可事先通过报纸广告、海报、DM单等来宣传西方庆祝圣诞的这一方式，将西方圣诞习俗介绍给顾客，通过增强顾客的文化意识来引导顾客的消费习惯，从而促进商品销售。

4. 圣诞大蛋糕

定制一个圣诞大蛋糕，直径可长达几米，上面有"圣诞快乐"几个大字，并插满蜡烛，到晚上八点，大家一起许愿，然后一同吹灭蜡烛，整个场景周围用圣诞树、彩灯等装饰，并配以音乐营造氛围，凡25日当晚6点至8点在商场购物满××元的顾客，凭购物小票即可分得一块蛋糕，分完为止。

活动说明：在国外，为圣诞节添姿增色的往往还有美味又漂亮圣诞蛋糕。人们常把圣诞蛋糕做得新奇漂亮。上面用奶油或者果酱写上"圣诞快乐"的字样，四周插上特制的圣诞蜡烛。蜡烛形状小巧，只有三四寸长，但用料精致，五彩缤纷，有的还做成螺旋形。将蜡烛点燃之后，由主人吹熄，然后大家一起吃蛋糕。人们有时还在蛋糕里放进三粒豆子，以此代表圣经故事中的三个东方贤土，谁吃着豆子谁就当上了"三王"，十分有趣。

操作注意事项：可在中央大厅划出一专区摆放蛋糕，注意维持现场秩序，以免阻塞客流；蛋糕可以做得大一些，也可以同时摆放多个大蛋糕，准备好切蛋糕的用具。在圣诞夜晚八点，顾客凭规定时间内的购物小票领取一份蛋糕。同时准备好盛放蛋糕之用品，如塑料盘和塑料叉，同时放置垃圾桶，以免顾客乱扔垃圾破坏环境。

5. 狂欢帽子节

展出款式新颖、色彩鲜丽的各款男女老少的帽子，部分帽子和手套半价销售。让人们在享受暖冬的同时，增添一抹靓丽的风采。操作说明：在寒冷的冬天，帽子是不可少的御寒用品，同时也是时尚青年们着装的一大点缀。在帽子展出陈列上，可以突出红色的圣诞帽，一方面渲染节日氛围，另一方面也通过圣诞帽带动其他帽子的销售。

6. 其他促销活动

圣诞服装大特卖：冬季休闲服装、西装、风衣、羽绒服、保暖内衣等。圣诞限时特卖：开设圣诞疯狂抢购区，可分为一元、五元、十元等抢购区，抢购商品为一些小商品，如圣诞小礼品、袜子、手套、毛巾、巧克力、饼干等。圣诞玩具节：对与年轻消费群体特别是小孩来说，玩具总是最具吸引力的商品之一，展出销售不同类别、不同款式的玩具，对于促进圣诞销售会有很大帮助。

中秋节活动策划

每年的农历八月十五，是我国传统的节日，这一天是一年秋季的中期，所以被称为中秋。

在中国的农历里，一年分为四季，每季又分为孟、仲、季三个部分，因而中秋也称仲秋。

八月十五的月亮比其他几个月的满月更圆，更明亮，所以又叫做"月夕"或者"八月节"。

这一天的夜里，人们仰望天空的盈盈满月，自然会期盼家人团聚。远在他乡的游子，也借此寄托自己对故乡和亲人的思念之情。所以，中秋又称为"团圆节"。

策划要点：

中秋节在我国是一个十分重要的传统节日，节日期间人们消费也比较活跃，容易形成消费热点，这一时期也是商家争取销售的大好时机。在策划中秋节活动时，可以突出家的氛围和格调，诠释中秋的内涵和底蕴，弘扬我国传统文化。

策划范例：

××酒店中秋节活动策划方案

一、活动目的

借助此次中秋佳节，结合××酒店的实际情况和中国传统的民族风俗，以

157

直销为主，推动全员销售，提高××酒店的经济效益和社会效益。

二、活动组织机构

组长：××

副组长：××

成员：营销人员及各部门经理

三、活动时间

20××年××月××日—20××年××月××日

四、销售渠道及促销活动

1. 按部门分配进行销售。

2. 举行月饼品尝展销会暨答谢老客户冷餐酒会。

3. 通过市场营销部和餐饮部到市内各大单位上门推销，拜访客户，争取大的订单。

4. 实行酒店全员销售，采取提成销售制度，以刺激员工的销售积极性。

5. 在酒店网站及网络订房设月饼销售点。

6. 有潜力的商店、超市代理销售。

7. 销售渠道为各大企事业机关单位，酒店协议客户。

8. 在大堂开设月饼品尝促销展台，促销员穿嫦娥式服装，各一线服务台及所有客房摆放中秋月饼销售宣传彩页。

五、各相关部门负责工作

1. 营销部

（1）组织"答谢老客户暨××酒店月饼展销会"的节目及维持活动秩序。

（2）负责活动期间重要客户的引领、接待、迎送。

（3）协助各相关部门进行月饼展台、活动场地的布置。

（4）负责月饼活动的广告宣传页、楼体广告、团购提取券的设计、制作；

（5）统计"答谢老客户暨××酒店月饼展销会"邀请人员名单、群发短信、发放请柬。

2. 总办、人事部

（1）负责广场月饼销售点的布置及组织销售。

（2）负责大堂展台的管理。

（3）对"答谢客户暨××酒店月饼展销会"邀请人员做好引领服务。

3. 房务部

（1）做好大堂服务人员中秋节促销活动的对客宣传。

（2）将中秋宣传彩页摆放到客房房间。

（3）设计中秋入住客房赠送月饼的销售方案，并做好月饼销售的统计。

4. 餐饮部

（1）答谢酒会的准备、服务。

（2）协助工程部对大堂月饼展台进行布置。

（3）协助营销部维持"答谢老客户暨××酒店月饼展销会"活动秩序。

（4）负责"答谢老客户暨××酒店月饼展销会"会场——台型的设计、摆放、服务工作。

5. 财务部

（1）协调厨房展示月饼品种。

（2）协助营销部组织有奖竞猜活动礼品的发放。

（3）组织印刷中秋节宣传彩页。

（4）提供团购月饼提货券。

（5）提供"答谢客户暨××酒店月饼展销会"有奖竞猜活动奖品。

6. 工程部

（1）协助营销部粘贴楼体大型广告图片。

（2）负责大堂月饼展台的制作。

（3）负责酒店广场月饼销售点的搭建。

（4）负责"答谢客户暨××酒店月饼展销冷餐酒会"会场，活动期间灯光、投影仪、音响的调试。

六、相关工作时间要求：

1. 月饼货品的领取、销售统计负责人于×月××日×：××分前到位。（财务）

2. "答谢老客户暨××酒店月饼展销会"会场——多功能厅的布置于指定×月×日××：××分前全部到位。（餐饮部、工程部、营销部）

3. 户外广告、宣传彩页于×月××日前完成。（营销部）

4. ××月××号前联系月饼盒生产厂家并设计盒样，××号前月饼盒到位。（采购部、总办）

5. 大堂月饼展台的布置于×月××日前完成。（工程部）

6. 活动邀请人员名单、请柬发放、群发短信告知指定日期（×月×日）××：00前完成。（营销部）

第十二章 培训策划

公开课培训策划

公开课培训通常是以公开课为主，成员来自各行各业，培训地点、时间和方式都由培训的组织者决定。

企业公开课是以公开授课形式为企业单位或个人提供工作技能提升的培训服务，适合参加公开课培训的人群涵盖了社会的各个阶层，如刚从职人员的销售知识培训，或具有资深从职经验的高级总裁培训。

策划要点：

公开课培训策划案是根据培训需求而确定的培训方案，它的目标是使接受培训的人员的知识、观念发生转变，或技能、工作方法得到改善与提高，从而发挥更大的潜力，推动组织和个人的不断进步，实现组织和个人的双重发展。

策划范例：

××房地产公司销售行业公开培训方案

一、背景分析

中国自古以来就是礼仪之邦，周公的"制礼作乐"、孔子哀叹"礼崩乐坏"，都说明了这一现象。"不学礼，无以立"已成为人们的共识。现代市场竞争不仅仅是产品竞争，还包括服务竞争和形象竞争，礼仪就是企业服务形象的核心！

此次公开课培训不同于传统的礼仪授课方式，即老师在，礼仪在，老师走，礼仪离，更多采用"训练"方式，将××房地产公司在销售服务过程中所有的仪态独创成一套优雅的"礼仪操",将其纳入晨会中,让学员从喜欢——习惯——提升——改变的过程,真正达到"礼仪"的功效。

房地产公司销售代表的个人形象蕴涵着公司的企业文化,折射出企业的形象,在某种程度上也代表着地产项目的形象。一个优秀的销售人员必须在工作中增强服务意识,端正服务态度,执行服务标准,提高服务水平。因此,销售代表应有整洁的仪表、亲和力较强的仪容;有主动积极、面带微笑、亲切诚恳的态度;有进退有序的规范礼仪。

"关注营销首先关注服务""以顾客满意为导向,以客户服务为中心""销售——说服顾客一次,服务——感动顾客终身",是当代成功企业存在的最高价值。"内强个人素质,外塑品牌形象",正是对服务、礼仪作用的十分中肯的评价。

二、培训目标

本次公开培训专门针对房地产行业营销团队及房地产项目营销模式,就一线销售代表在客户销售服务方面的仪容仪表、行为举止、专业用语、交谈礼仪、电话礼仪等方面,进行详细的讲解,具有极强的指导性、针对性、实操性、示范性。

三、培训课程

(一)仪容仪表

工作中展现自己的最好方式就是通过自己的外在,让别人对你尊重,信任。基本要求如下:

身体整洁:每天洗澡,保持身体清洁无异味。

容光焕发:注意饮食卫生,劳逸结合,保持精神饱满。

适量化妆:女性销售代表必须化淡妆,化妆适当而不夸张。

口腔清洁:每天刷两次牙,保持牙齿洁白,口气清新。

双手整洁:勤剪指甲,经常洗手,保持双手卫生。

头发整洁:经常洗头,做到没有头屑。

制服整齐:制服常换洗,穿着要整齐,皮鞋要擦亮。

(二)电话礼仪

首先要注意的就是电话礼仪,在工作中,时刻要通过电话与客户联系,如何讲电话就成了一门学问,因为你在电话里面说话的语调、语气和说话方式,直接反应着你个人的素质和工作能力。所以我们在打电话时应注意：讲话时一定特别注意礼貌，说话应简洁明了。时刻保持头脑清醒，认真听，少说为佳，但不可以沉默，让对方知道你在听，时时回应一下或重复一下对方说过的话，以免对方误解；吐字要清晰，音量要适中；用声音吸引对方：因为全部信息靠声音作唯一传递；准备好要说的内容；准备好一个理由，以便随时中断谈话。做到未见其人，可闻其声，感其情。具体要求：接听电话语调要亲切，吐字清楚易懂，谈话应简洁而不过长。接听电话人员应熟悉楼盘的详细情况及促销口径，首先准备好介绍的顺序，做到有条有理。销售部每位员工都有义务和责任接听电话，外来的电话响声不能超过三下。听电话时，必须要亲切地说："您好，××广场（花园），有什么可以帮到您的？"在客户提出问题后，可首先告诉客户，"这个电话是热线电话，可不可以留下您的姓名和电话，我换个电话打给您"。以便作好电话追踪记录，既不影响热线电话的正常工作，又建立了有效客户档案。在记录了客户的电话之后，向客户说明，可以先简洁地回答他的一些问题，时间不宜太长，也不宜太短，通常不超过三分钟。

（三）售楼员对客户的服务

传递公司的信息；了解客户对楼盘的兴趣和爱好；帮助客户选择最能满足他们需要的楼盘；向客户介绍所推荐楼盘的优点；向客户介绍售后服务；回答客户提出的疑问；让客户相信购买此楼是明智的选择。

（四）房地产专业知识

作为一名房地产销售人员，必须要有良好的专业知识，特别是房产销售重要环节——合同。这里合同主要分为：房屋买卖合同、商品房预售合同和商品房销售合同。

商品房销售合同是指房地产开发商将其依法开发并已建成的商品房通过买卖转移给他人的协议。

商品房销售一般流程：

1. 购房人通过中介、媒体等渠道寻找中意楼盘。

2. 购房人查询该楼盘的基本情况。

3. 购房人与商品房开发商订立商品房买卖合同。

4. 交易过户登记。

房屋买卖合同指房屋产权人将其依法拥有产权的房屋（但不包括通过商品

房开发而取得产权的房屋）通过买卖转让给他人的协议。

房屋买卖一般流程：

1. 购房人或卖房人通过中介或媒体等渠道寻找交易对象。

2. 交易双方签订房屋买卖合同。

3. 交易过户登记。

4. 房屋租赁合同指出租人在一定期限内将房屋转移给承租人使用、占有、收益的协议。

5. 居间合同指居间人向委托人报告订立合同的机会或者提供订立合同的媒介服务，委托人支付报酬的合同。

商品房预售合同指房地产开发企业在取得预售许可证后将正在建设中的房屋预先出售给承购人，由承购人支付定金或价款的协议。

商品房预售一般流程：

1. 预购人通过中介、媒体等渠道寻找中意楼盘。

2. 预购人查询该楼盘的基本情况。

3. 预购人与开发商签订商品房预售合同。

4. 办理预售合同文本登记备案。

5. 商品房竣工后，开发商办理初始登记，交付房屋。

6. 与开发商签订房屋交接书。

7. 办理交易过户、登记领证手续。

四、接待客户的流程

1. 在客户走入销售现场起，就应立即迎上去向他问好，并作简单的自我介绍。

2. 将客户领至沙盘处，向他简单介绍小区的基本情况，然后很自然的询问客户的家庭基本情况（如：××人居住，需要多大面积，自己感觉能承受的最理想价位等）。

3. 在了解完客户的相关情况后，带他到休息区入坐并倒上水，递上一份楼盘详细资料，在客户阅读资料的同时向客户推荐适合客户的户型，并征求客户的意见，与客户作更深层次的交谈。

4. 主动提出邀请客户一起去所推荐单位（房源）的现场参观（销售代表应事先安排好参观的路线，期间也可向客户介绍小区内部规划）。当客户满意推荐户型时可计算出具体的房价并询问客户的付款方式。

与此同时，向客户要求留下联系方式以便公司有任何最新的销售政策及变化时可以在第一时间通知客户（并告诉客户该房源很好，如不及时购买可能就会被别人买走了，如客户购买意向较强可为客户办理预留登记）。

5. 在客户离开后，及时收拾打扫接待现场，作好等待工作。整个接待过程应做到笑脸相迎、笑脸相送，并把握好与客户谈话的技巧，给客户留下一个良好的印象。

介绍物业：小区实行全封闭管理，主入口智能化监控，单元楼宇可视对讲门；24小时巡逻24小时门岗，24小时监控。全天候服务热线，周到，体贴。专业的保洁，绿化及维修服务。让您居住得"更安心，更舒心"。

介绍户型与楼体：经典的一梯两户布局，远离嘈杂与喧嚣，私密性好，采光好，户户南北通透，远景外飘窗。

面积区间类型多：××m²~××m²的一室、二室精致小户型，满足您的不同需求，精彩生活自由选择！稀缺多层住宅，框架结构，更加充盈的拓展空间，户型设计合理，美观，实用；纯板式高层，框架剪力墙结构，防灾系数高，公摊面积小，噪音小，视野开阔。

五、培训要求

1. 所有参与培训者着工装或正装。

2. 教学白板××个，白板笔若干。

3. 音响一台，音质良好。电脑多媒体投影仪××台，并配有投影幕布（或教室前面是平整白墙）。

4. 凹型会议室布置，会场布置典雅（最好有鲜花和条幅），有演练互动场地。

5. 备笔记本电脑一台。

6. 数码相机及数据线一台（最好有录相机）。

六、讲师简介（略）

七、培训费用（略）

企业内训策划

企业内训一般是为了解决经营或管理方面的某一类问题，如人工成本控制、绩效管理与管理提升、车间成本控制、安防工程技术进展、国际安防市场分析、企业内控体系等。在确定内训目的的同时，内训对象也往往大概明确了，主要是与内训目的相关的部门与人员。

企业内训是世界500强企业普遍采用的一种培训方案。越来越多的国内企业也开始认识到企业培训通常能很好地达到他们的培训和发展需要。

策划要点：

企业内训是企业根据自身内部的特点和发展状况而"量身定制"的专门培训。企业内训策划案是企业通过各种手段和方式使新招募员工或原有员工在知识、技能、态度等方面有一定改进的培训方案，方案中的教学方式、课程内容要依据企业的培训需求而灵活设置。在撰写企业内训策划案时要结合企业发展规划和总体发展战略，使受训员工能够更新知识，开拓技能，以便更好地胜任本职工作或担任更高级别的职务。

策划范例1：

××公司内训策划

一、内训需求分析

工作分析：如今本公司的基层管理人员所需承担的任务相当重要，不仅包括生产的有效管理、人员合理调配、员工的绩效考核等，还包括要传达公司上层的政策，宣扬公司的企业文化等任务。然而，这些任务的有效完成，仅靠我们公司现有的基层管理人员的素质和水平是远远不能达到的。因此，公司各项任务的顺利完成，基层管理人员素质的提高就成了一个关键的因素。

人员素质分析：通过对我们公司现有基层管理人员情况的了解和调查，可知我们公司的基层管理人员基本情况如下：

1. 具有较为丰富的现场操作和管理的经验，我们的基层管理人员都是从基层的员工中提拔上来的，因此他们对于现场情况较为熟悉。

2. 缺乏再学习的动力和激情，由于长期的工作的一成不变以及工作生活的单调乏味，导致我们的基层管理人员，失去了进一步提升的兴趣，或是单单有想法而已，却没有付之行动的毅力和恒心。

3. 整体的文化素质偏低，大多数基层管理人员只具有中专或高中文化，个别只具有初中文化。

4. 管理方法简单粗暴，由于本身的素质有限以及长期处于一个管理较为混乱的环境当中，因为他们的前任们几乎都是如此，于是在潜移默化之中就产生了恶性循环了。

由此可知，我们公司的基层管理人员很有必要进行培训，以提高他们各方面的素质，激发他们再学习的动力，把我们公司整体的管理水平提上来，这是我们公司发展的大势所趋和迫切要求。

二、内训目标

本次企业内训以提高基层管理人员整体能力为目的，主要有以下几个目标：

1. 能掌握基本事实（认知能力）。

2. 具备有关的专业知识。

3. 具备社交能力。

4. 具备控制情绪的能力。

5. 思考敏锐。

6. 良好的学习习惯和技巧。

7. 有自我认知能力。

8. 对事物能持续保持有敏感的情感。

9. 具备解决问题和作出决策的技巧。

10. 有预警能力。

11. 有创意。

通过培训主要培养以上这些能力，需要注意的是，不同的人员和不同的岗位的侧重点不同。

三、加强内训效果的措施

有效培训是多方积极参加的结果，要想使培训充分有效地发挥更大的作用，那么最好能够对受训部门和受训员工进行以下三方面的培训前准备：

1. 在参加培训前，受训者应该知道自己希望从培训计划中得到什么？写出一个简单的期望并列出参加培训会对工作带来的好处；受训者可以根据这些期望目标有的放矢的参加培训；

2. 让所有受训员工知道参加培训并不仅是坐在教室里傻呆呆地听讲，而应该带着一些问题和设定一些目标，利用课堂内外的各种机会，积极地跟讲师和其他学员主动交流；

3. 参加培训后，应该要求受训人写一份员工培训报告，呈交主管审阅，并交人力资源部存档，并能与相关同事分享，探讨如何将学到的东西应用到实际工作中。这样一来，才能在较大程度上保证培训的质量，从而让培训工作为企业创造更多价值，也能够让培训评估能够有效地开展。

四、培训评估

人力资源部要对此次培训做全面的评估，培训评估应从以下几方面着手：

1. 明确评估的目的。为了确保企业内训效果产出，公司投入了相当的资金，花了大把的人力和物力，必定要有所值，因此评估是为了改进培训质量、提高培训效果、降低培训成本。针对评估结果，重要的是要采取相应的纠偏措施并不断跟踪，而不是评过就完事。

2. 评估的内容。主要是对三个方面进行评估：培训课程的针对性和实用性如何，受训人吸收的程度如何，受训内容在实际的工作中运用的程度及其效果。

3. 评估培训的有效性和效益性。培训的有效性是指培训工作对培训目标的实现程度。培训的效益性则是判断培训工作给公司带来的全部效益（经济效益和社会效益），而不仅仅是判断培训目标的实现程度。

4. 培训后的具体评估工作。企业内训结束后，公司人力资源部给受训人发放评估表，要求受训人填写，人力资源部将这些表回收、归纳、整理分析，了解受训人对培训工作的意见，评估受训人在培训中取得的进步，以改进今后的培训工作。

五、受训人员的考核

为了确保受训人员能够对培训产生足够的重视，以及提高他们学习的积极性和主动性，而且可以在考核中发现优秀的人才作为今后重点培养的对象，为本公司做好人才储备。因此，对于此次培训应对受训人员进行考核。

1. 考核内容。主要是考核受训人员是否在受训过程中认真对待，培训内容的吸收程度如何，以及在工作实践当中理论结合实际的效果如何等。

2. 考核方式：

（1）每次企业内训完填写的员工培训报告表。

（2）每次培训课程的课后作业完成情况。

（3）培训课程结束后的结业考试。

（4）受训过程中及受训后在实际生产上实际应用情况和效果的体现。

3. 考核作用。考核的作用主要是为提高受训人的学习的积极性，并把企业内训的成绩作为基层管理人员的档案，并以此作为日后提拔的重要依据。

策划范例2：

××公司内训策划

一、培训需求

企业的发展离不开人才。人才的价值又与其个人的知识技能水平、管理水平、综合素质等密切相关。对于任何一名员工来说，以上几项能力与素质一部分是来自于学校教育，另一部分则是来自于企业实践，即理论与实践构成了主要来源渠道。但以上两个方面对于员工的个人成长还是不够的，继续教育与培训也是重要的途径之一。其中，企业内训不但能够促使员工理论水平提升，同时也能够很好地与企业实际情况进行结合，是促使企业员工快速进步的方式之一。

二、培训目的

为充分利用××公司内部的智力资源，促进公司内部培训的良性开展，积极培养和提高所有员工的综合素质和专业技能，特制定本运作指引。

三、适用范围

本指引适用于××公司内部组织的各种类型的培训。

四、培训讲师确定

管理部和培训需求部门共同协商确定培训讲师。为帮助员工综合素质的提升，公司鼓励内部员工走上讲台讲课。

内部讲师总体要求：

1. 形象良好，有较好的语言表达能力。

2. 具备编写讲义、教材、测试题的能力。

3. 在某一岗位专业技能上有较高的理论知识和实际工作经验。

4. 具有认真负责的工作态度和高度的敬业精神，能在不影响工作的前提下积极配合公司培训工作的开展。

为鼓励员工积极投入到内部培训的活动中来，公司将在取得培训效果的基础上给予内部讲师一定的授课补助，具体标准如下：

第一，一级、二级讲师综合能力项采取打分制，具体参照事业部评聘标准。

第二，在××公司以外聘请的讲师视具体讲课情况另行制定付酬标准。

五、培训教材

为确保培训的质量和效果，公司规定所有的内部培训都必须具备培训教材。培训教材由内部讲师编制，管理部跟进。教材应在培训时间前××天反馈至管理部人力资源管理处，否则取消内部讲师授课资格。

六、内部培训申请和安排

各部门提出内部培训需求。为保证培训的质量和工作安排，各部门应在拟定培训日前至少××天将内部培训项目申请表（见附页）有效送达管理部，否则将由管理部统一安排时间。管理部在接到培训需求后××天内作出答复。

1. 管理部自主安排相关内部培训。

2. 管理部将于每周五在全公司范围内公布下一周培训计划。

七、培训效果评估

为提高培训质量，每次培训结束后，应书面评估培训效果。评估对象有：讲师的授课情况和学员的知识接受情况。管理部负责对评估结果进行分析和存档。

管理干部培训策划

　　管理干部培训的目的是通过一段时间的培养，为公司储备一批认同企业文化、具备管理人员素质和专业知识、掌握团队管理技能、适合于公司的高绩效的管理人才。

　　管理干部培训的主要内容是开发他们的任职能力，使他们具备关于企业内外形势的认识和发展观点，提高他们关于业务的决策能力、计划能力，使他们深刻理解现代经营管理的体系和经营活动中人的行为，提高他们对人的判断和评价能力以及人的沟通交流能力。

策划要点：

　　管理干部是通过协调其他人的活动，达到和别人一起或是通过别人实现组织目标的人，有指挥和领导下级去完成任务的职责。管理干部培训策划案是通过一定的培训方式，弥补管理干部个人能力的不足，提高分析问题与解决问题能力的方案。管理干部培训策划案的根本是提高管理干部的整体素质，使其潜力得到充分发挥，这样企业或组织才能拥有更好的发展前景。

策划范例：

×× 公司 ×× 管理干部培训策划案

　　根据公司未来五年的发展战略目标及公司人力资源规划，公司于本年度提出管理层及储备干部培训计划。为了更好的实施对管理层及储备干部的培训，提升员工自我发展空间和平台，特制作本方案。

一、适用范围

（培训学员）基层管理人员、基层和中层储备干部、中层管理人员。

二、管理人员培训要求

本方案各项培训内容的设置旨在让各级人员竖立良好的心态，明确各自的角色，掌握沟通的技巧和团队管理的技能，以达到公司对管理人员的素质要求，提升承担更多责任的能力，并最终实现公司目标与个人职业生涯规划的统一。具体要求如下：

1. 每月由培训专员向学员本人及其主管了解学员日常学习、工作及思想动态情况，作出学员动态分析及评估报告，报给人力资源部部长及总经理办公会，力图解决学习过程中的实际问题。

2. 学员的上级主管是该学员的第一辅导人，负责对学员的日常指导与督导，应及时发现学员工作及思想上的问题，给予辅导，并反馈给培训专员，共同探讨下一步培训的改进方案。

3. 所有学员应及时将培训中的问题及自己在工作的想法、意见、建议积极的向人力资源部培训专员反馈，以利于培训工作的改进。

4. 人力资源部负责对培训方案的制定、优化及组织实施工作；各部门应积极配合作好各项工作。

5. 考试是督促学员自学很有效的方法，也是查检对所学掌握程度的重要方法之一。人力资源部将对培训内容组织定期的考试，并有一定的奖罚措施；并要求所有学员必须参加，因出差不能参加者应向培训专员说明，并于返回参加补考。

6. 所有学员应利用业余时间积极学习，并将所学应用到实践中去，真正掌握所学。

7. 所有学员必须严格遵守各项培训制度及通知的要求，积极配合完成各项培训。

三、课程内容

1. 以《××》一书为教材，通过对该书的学习，使学员学会做为公司的管理者应该如何想、如何做、如何超越；并最终用到实际工作中，提高学员的实际工作能力及管理能力。

2. 中层管理人员在《××》一书学习的基础上进行必要的领导力提升训练。

3. 基层储备干部要着重加强基础性知识的培训。

4.《××》一书的学习阶段。

（1）自学记忆阶段

第一，由管理人员自学教材，举行培训会，分组、分章节自拟PPT，向其他管理人员讲解教材内容。

第二，每月进行一个单元的记忆内容考试，满分100分，80分及格，不及格者将负激励××元。

（2）实施应用阶段

管理人员应主动将教材内容应用于工作实践，指导部门工作。每月进行学习会，以演讲的形式分享实施应用情况，并进行自我分析，制定下一步提升计划及实施步骤。

第十三章 会议策划

座谈会策划

　　座谈会是由训练有素的主持人以非结构化的自然方式对一小群调查对象进行的访谈，主持人引导讨论。主要目的是从适当的目标市场中抽取一群人，通过听取他们谈论研究人员所感兴趣的话题来得到观点。这一方法的价值在于自由的小组讨论经常可以得到意想不到的发现，是最重要的定性研究方法之一。

　　座谈会策划案是根据会议的目的借助一定的艺术构思和科学方法而制作的策划方案，以达到最终的会议效果。

策划要点：

　　会议的种类有很多，比较常见的有座谈会、报告会、研讨会、联谊会、交流会、表彰会、年会等，相对应的策划案的形式和内容也有区别。组织好一次座谈会的任务相当复杂繁重，因此会前的策划案一定要考虑周到，安排具体。方案具体有可行性，才能确保整个会议进程能够按部就班地进行。具体来说，座谈会策划应注意以下几点：

　　1. 慎重选择参加座谈会人员。一要注意到会人的代表性；二要注意意见情况等信息提供的可靠性。

　　2. 为收到良好效果，事先要做充分的准备。

　　3. 尽量展开讨论，有利于深入，也有利于生动活泼。

　　4. 善于启发引导。

　　5. 以良好态度对待座谈会，不做官面文章。

　　6. 座谈会结束后要及时总结，有针对性地开展进一步工作。

策划范例：

××公司座谈会实施方案

一、活动时间：20××年×月××日—×月××日

二、活动地点：××温泉酒店

三、具体负责人：××

四、参会人员：分公司全体员工

五、会议目的

为了进一步落实分公司所制定的战略目标，在总结今年工作的基础上规划好明年的工作。分公司决定公司全体人员开展一次座谈会。活动要求分公司广大员工要立足本职岗位工作，发挥自己的聪明才智和主人翁责任感，怀着对分公司的热爱，以公司为家，紧紧围绕促进分公司良性持续发展、民主管理及我可以为公司发展做什么等方面内容，让每位员工根据自身实际感受直言不讳，提出有助分公司不同层面发展和变革的行之有效的合理化建议，真正做到分公司发展心系员工，员工进步依靠分公司良好环境。你中有我，我中有你，在公司发展中荣辱与共，使公司与员工共同发展，共同进步。

六、活动流程

1. 前期准备：确定座谈会场地、时间，确定并联系咨询会到场人员。

2. 活动主体：现场座谈会

（1）公司负责人做开场白。

（2）座谈会由××主持。

（3）会议记录人员：××

（4）现场摄像（影）人员：××

3. 活动总结：对座谈会情况及员工的意见反馈作整理、总结。

七、讨论主题

会议主题：明思路，谋发展，渡难关

对分公司日常经营管理中出现的问题进行交流，寻找"金点子""新举措"，集众人智慧，群策群力，共同谋划公司明年的发展。

例如以下问题：

（1）你对公司管理制度化、流程化、程序化有何见解？公司目前的状况如何？

（2）对工程项目管理发表意见（项目管理可控否？怎样解决管理与发展的矛盾？）

（3）你认为分公司有没有满足你自己的需求或者说目前有什么自己不能解决的问题？

（4）我分公司的核心竞争力是什么？现状如何？怎样改进？

（5）你认为如何拓展经营渠道？你觉得公司目前经营的工程项目数量是否满足？接多少为好？外地（含省外）的项目接不接？

（6）你觉得我们公司有企业文化吗？如果有是什么？如果没有那你觉得应该是什么？

八、主题阐释

"明思路"主要是对前期工作中存在的生产、管理上的问题进行有效的梳理与总结，以便使我们的学习成果、思考内容、实践措施在分公司得到更为广泛的交流，推动分公司的发展。为今年的工作作好总结，为明年的工作开好头，同时也为员工的职业生涯规划指明正确的方向，使我们在今后的工作中，思路更加明确，措施更加得当，所做的各项努力更加富有成效。

"谋发展"主要是通过明思路来谋求公司的发展，只有思路明确才会有更好的发展。"渡难关"则是说分公司在发展过程中遇到危机时通过有效的解决方案顺利渡过难关，比如说经营方式、企业管理、人力资源等这些方面的困难。

总的来说，"明思路"是前提（基础），"谋发展"是根本，"渡难关"是过程，这三者在企业生产、管理与发展中都是必须经历的。三者相互联系也相互制约，缺一不可。

九、经费预算

1. 包车：××元（往返）

2. 娱乐休闲：××元

3. 会议场地费：××元

4. 餐费：××元

5. 其他费用：××元

费用合计（按最高费用算）：××元

十、时间安排

20××年×月××日时间安排表

时间	项目	备注
××—××	公司新大门集合	进行人数清点
××	上车出发	上车过程中注意安全
××—××	车上玩小游戏	大家积极参与，有小礼品
××	达到目的地	稍作休息，随后进行座谈会
××—××	开始座谈会	会议结束后稍作休息用餐
××	开始用餐	餐后休息，无活动，自由安排
××—××	享受温泉	温泉完后，稍作休息后用晚餐
××	晚餐时间	晚餐完后，稍作休息后上车回××
××	上车回××	注意检查随身物品有无遗漏
××	达到××	到达××后自行安排活动

十一、注意事项

1. 在活动过程中，希望各位学员严格遵守时间安排，服从指挥，统一行动。

2. 如若由于某些原因造成活动无法按预定时间进行，那么请各位同事耐心等待通知。

3. 希望各位同事不要携带贵重物品，以免造成丢失。

4. 在活动过程中，希望各位同事注意自身安全，不要参与危险的酒店项目。

5. 由于此次活动还有泡温泉项目，因此希望各位同事尽量自带泳衣泳裤。

6. 此次活动的举办地是在外面，因此希望各位同事注重自身形象，为公司树立好的形象、好的口碑。

报告会策划

先进事迹报告会以其面对面的近距离沟通、事迹精神的深度提炼和浓厚的现场感染力，成为重大典型宣传的普遍方式。

很多成功的案例，他们成功的途径是不一样的，各有各的方法，报告会就是要总结出成功的关键因素在哪里、什么地方要引以为戒；有所感悟、触及内心、鼓舞士气，这样的报告会才能让人记忆深刻难以忘记，并且产生良好的效果。

策划要点：

要策划组织好先进事迹报告会，让听众在感动中体味人性温暖、升华人生境界，必须切实运用好以下三个基本原则：

1. 善于专研，激发潜能

成功的报告会，应为人们的思考提供有效的路径，引导人们加深对先进典型精神的理解，讲出人们呼之欲出、心中有口中无的话，让人们从中升华认识、启迪人生，产生酣畅淋漓的思想美感。

2. 善于定位，引领潮流

要把报告会开的成功，目标主题一定要明确，就好像一个大型的舞台，有主演、有观众、有掌声、有泪水、有鲜花。报告会一定要把最重要的核心价值体现出来，整个报告会要围绕着核心价值展开。明确主题，善于挖掘一些经典案例、进行典型定位。典型是时代产物，典型宣传是表现一个时代最具特点的价值取向，因而应把典型实例放在时代的大背景下进行定位，起到一个引领方向的效果。

3. 保持特色，执着追求

少说空洞的理论知识，多从实际细节出发，一些方法和策略不是一成不变的，做好自己身边的每一件小事才能把大事做好。有的员工性格鲜明、充满激情，这样的员工的成功率越高。所以，成功报告会的就是要挖掘员工的优势和个性，并且加以发扬和培养。

策划范例：

20××年度××医院××报告会策划书

一、会议时间

20××年×月××日××：00至××日××：00

二、会议地点

××（另通知）

三、会议目的

年度述职报告是科室负责人对本部门年度工作完成情况和今后工作计划的简要报告；述职报告内容将作为部门之间互评和院委会对部门考核的依据。

四、参加人员

执行董事、院长、书记、业务院长，科室主任、站长、总护士长，业务主管，新、老员工（××余人），总人数约××余人。（名单附后）

五、会议筹备

1. 会议记录：××

2. 会议主持：××

3. 会场要求：横幅、音响、投影、讲台、座位等。

4. 准备物品：笔记本×台、投影仪×台；活动结束后进行整理。

5. 联系并确定会议场所。（××负责）

6. 出发时间：×月××日××：00，在医院门前发车。（提前联系车辆，××座，接送××负责）

六、会议内容

1. 院长简要总结；执行董事做指示。

2. 书记、业务院长，科室主任、站长、总护士长，康复工作主管做20××

年度工作述职。

七、会议程序

1. ×月××日下午

××主持人发言；宣布会议开始。

××：00—××：00科室主任和总护士长述职；依次顺序：医疗全科、医疗专科、中医科、护理科、药剂科、放射科、B超室、预防保健科、健康管理科，办公室、信息与医保办公室、财务室、院感办公室。（中途适当时间休息××分钟）

××：××晚餐；晚餐后娱乐活动自由参加。

2. ×月××日上午

××：00—××：30站长和康复工作主管述职；依次顺序：××站、××站、××站、康复。

××：30—××：30书记、业务院长述职。

××：30—××：00补充发言时间。

××：00—××：30院长总结。

××：30—××：00执行董事发言。

××：00会议结束，午餐后返回。

八、会议要求

1. 参会人员着正装；务必携带本人身份证。

2. 述职过程中不提问、不讨论；会议将安排补充发言时间。

3. 所有人员认真听讲，保持安静，将手机调为震动或静音。

4. 因各种原因不能参加会议或中途退出者，请提前向院长请示。

5. 述职报告要求采用PPT（幻灯片）格式，述职者请预先提炼发言内容，发言时间不超过××分钟；特殊情况经主持人同意，可延长至××分钟。

年终总结会策划

年终工作总结是对过去一年、某一时期或某项工作的情况（包括成绩、经验和存在的问题）的总回顾、评价和结论。

年终总结会所要解决和回答的中心问题，不是某一时期要做什么，如何去做，做到什么程度的问题，而是对某种工作实施结果的总鉴定和总结论，是对以往工作实践的一种理性认识。

策划要点：

在策划年终总结会时，要遵循以下六个方向：

1. 年会要客观总结与比较

年终总结要与现实情况相结合，要善于用数据、用案例、用现象来进行客观的总结与比较。年会要少用形容词，多用"数词"与"动词"。

年会一定要总结和排名，但不要把销售收入作为唯一指标，而应把市场描述、竞争对手表现、渠道现状、终端争夺、队伍建设、传播维护等指标结合起来。一方面增加年会总结中的会议效率，同时对客观评价各市场表现是一种推动作用。

2. 要不断发现问题和解决问题

假如年终总结只是一味表扬奖励、不去总结不好的一面，对一系列问题肯定不能及时改正。一个企业要健康发展不断壮大，很重要的一点就是要及时发现问题、分析问题、解决问题。

3. 年会要多举一些实际案例

现在一些企业内部培训和内部会议很热，但很少有好的效果。年终总结大会顾名思义就是总结与汇总，要善于挖掘出每个员工的智慧和工作经验同大家一起分享。要吃一堑长一智，一边总结一边进步，那么企业才可能在不断的完

183

善当中发展壮大。

4. 年会要充分调动员工的积极性

关于年会内容比重分配的问题，应该是总结占30%，展望占70%，特别是企业效益不好的情况下，更应该注重年会的实际效果。每位员工都辛辛苦苦工作一年，作为公司老板与每位员工最关心的就是明年怎么样？明年市场情况又会有什么变化？明年宏观政策对企业会有什么影响？明年企业是否会有新的突破？企业是否会不断的调整战略目标？其实你会发现在大家的讨论中最关心的就是未来。因此年会要将营销一线人员的"精、气、神"充分调动起来。

5. 年会要有新变化新发展

无论是公司老板还是员工，总是希望新年有新的变化、新的不同、新的成果。因为营销团队市场环境总在不断变化中，年终不进行政策、人员调整似乎都不是很正常。因此诸多营销人员参加年会的心情也十分微妙。一个年会的召开，对总部而言，最大的收获无疑就是发现一些营销新人。

6. 年会要给员工充电培训

大多数奋斗在第一线的工作者都有同样的感触——身体疲惫，知识缺乏。所以利用年会进行技能、知识与态度等方面的培训十分必要的。但最重要的一点就是知道具体需要什么技能的培训以及相关的知识结构，而不是只是固定模式的讲解管理知识、营销知识、广告传播知识、渠道知识，似乎不搞全一些就显不出组织者的水平。这是一个非常大的错误，所以进行讲座与分班培训相结合，将讲解与讨论相结合，将理论与案例相结合，将远期与近期目标相结合的方式十分有必要。年会内容很多，找准最迫切需要解决的问题与提高的能力才能够起到最佳的培训效果。

策划范例：

××集团公司年终总结大会策划方案

一、年会主题

××集团公司××年终总结会

二、年会时间

××月××日下午××：00—××：00

会议时间：××：00—××：30

晚宴时间：××：00—××：30

三、年会地点

××酒店一层多功能宴会厅

四、年会参会人员

公司全体员工（××人）

五、年会筹办任务

任务与分工责任人：××

会务前期、中期协调工作

会议阶段主持人：××

晚宴阶段主持人：××

物品购置：（抽奖礼品、生肖礼品、游戏奖品、席位卡片、笔、纸、气球、打气筒、拉花、花篮、乒乓球拍、乒乓球；抽奖箱、酒水、各类干果小食品）

会场布置：条幅、证书、人名台制作、鲜花预定、现场拍照等。

六、年会准备及相关注意事项

1. 现场拍照：提前安排好相关人员携带数码相机，做好大会及晚宴活动现场的拍照工作。

2. 物品的采购：抽奖礼品、生肖礼品、游戏奖品、大会席位人名牌（会议用）、笔、纸、员工席位卡（晚宴用）、会场布置所需气球、拉花、花篮；游戏所用乒乓球拍、乒乓球；抽奖箱；会议所需矿泉水、晚宴所需酒水、各类干果小食品。

3. 条幅的制作：红底黄字字幅，具体文字内容："××公司年终总结会"。

4. 年会的通知与宣传：公司办公室于今天向机关各部门及各项目部发出书面的《关于年终总结会的通知》，对本次年会活动进行公示和宣传，达到全员知悉。

七、年会流程与安排

本次年会的流程与安排包括以下两部分：

1. 年终大会议程安排

××：50全体参会员工提前到达指定会堂，按指定排座就位，等待员工大会开始。

××：00—××：30大会进行第一项，各部门及各项目负责人上台分别做年终述职报告。

××:30—××:45大会进行第二项，由行政人事部负责人上台宣读公司各部门及项目主要负责人人事任命决定书。

××:45—××:00大会进行第三项，副总经理宣读优秀员工获得者名单；优秀员工上台领奖，总经理为优秀员工颁发荣誉证书及奖金；优秀员工与总经理合影留念；优秀员工代表发表获奖感言。

××:00—××:30大会进行第四项，总经理做总结性发言。

××:30大会结束，员工散会休息，酒店布置晚宴会场。

2. 晚宴安排

××:00晚宴正式开始，晚宴主持人引导大家共同举杯，祝福大家新年快乐，祝愿公司的明天更加美好。（背景音乐）

××:00—××:00用餐时段：公司领导及员工到各桌敬酒，同事间交流沟通，拉近彼此距离。

××:00—××:00娱乐时段：

文艺节目（××~××个节目）

游戏1：呼啦圈传区别针；用具：呼啦圈×个、曲别针××个。

游戏规则：×人，每人一个呼啦圈，手里×个曲别针，每个人在转呼啦圈的同时，要将手里的×个曲别针连在一起，谁先将×个曲别针连在一起，谁就胜出。

游戏2：筷子运钥匙链；用具：×支筷子、×个钥匙链。

游戏规则：×人一组，分为两组，每个人嘴里叼一只筷子，将钥匙链挂在第一个人的筷子上，第一个人将钥匙链传给第二个人，必须用筷子传，不能用手，哪个组最先将钥匙链传到最后一个人的筷子上，为赢。

游戏3：抢凳子；用具：×把椅子。

游戏规则：将椅子围成一圈，响音乐，×个人转圈围着椅子走，音乐停，×个人抢坐，没有抢着的输。

幸运抽奖活动：用具：抽奖箱、卡片××张、乒乓球××个。

每人手里有一张带数字的卡片，将乒乓球上写上相应的数字，放进抽奖箱，指派专人分别来抽一至四等奖。

主持人邀请全体员工上台合影留念。

第十四章 电子商务策划

网站策划

　　网站平台可以为企业的新产品开发提供更准确的信息，因为通过电子手段，可以方便且廉价地同大量客户和潜在客户交流，这样将大大提高新产品定位的准确程度，保证新产品更符合客户的需要。

　　网站策划是一项比较专业的工作，包括了解客户需求，客户评估、网站功能设计、网站结构规划、页面设计、内容编辑，撰写"网站功能需求分析报告"，提供网站系统硬件、软件配置方案，整理相关技术资料和文字资料。

策划要点：

　　在撰写网站策划书之前给该网站做一个准确的定位，给网站定位，明确建站目地是第一步要做的。给网站做定位时，与公司决策层人士共同讨论，以便于让上层领导能对网站的发展方向有一定的把握，同时最好调动公司其他部门一起参于讨论，及时从公司立场提出好的见意，结合到策划中去。

策划范例 1：

××美食网站策划书

一、建站目的

　　××网站作为互联网上的一个服务性的网站，为了让更多的网友能通过这个平台聚在一起，同时把生活中尝过的特色美食，或者伴随自己成长有美好回忆的美食，利用本网站互动性与便捷的交流手段分享出来。

　　在建站后的××个月内，通过推广要达到××个友情链接数，会员人数达到××人，每个月平均更新本网站内容的次数达到××次。同时向百度搜索引擎提交申请，让百度收录我们的网站，让网站PR值达到×级。

接下来的一年里友情链接数要达到××个，会员人数达到××人。一年内更新丰富本网站的内容的次数达到××次，从而让我们的网站PR值尽可能达到×级状态。最终能在本年内吸引到×个赞助商为我们的网站扩展提供经费。有了丰富的信息资源为客户、合作伙伴在网上提供信息服务，并且借助网站的信息，敏锐的为客户捕捉商机，从而吸引更多的客户到我们的网站投放广告信息，赚取广告费。

二、市场分析

"民以食为天"，饮食永远是老百姓最关注的话题。平时需要健康饮食方面常识保障自己的健康，学习三两个新鲜菜看来调剂自己的生活，与朋友相逢小酌在面对众多酒家的选择时也需要一个好的建议，而在繁忙的工作中就更希望能有个人帮忙为自己解决订餐等的烦恼……

根据调查，今年我省餐饮业更是逆势而上，××至××月份餐饮业零售额达到××亿元，同比增长××%，增速高于社会消费品零售总额××个百分点。

其中在××地区的餐饮网点共有××万家左右，其中从事中西式正餐经营的约××万家，从事快餐及其他餐饮形式经营的已发展到××万家。据调查，大众化的家庭消费、休闲消费一直是××地区餐饮消费市场的主流，商务消费、旅游者消费各占餐饮消费的××%的市场份额，而家庭消费、休闲消费则占据了××%以上的餐饮消费。

综上所述，在生活节奏越来越快、信息越来越密集的今天，人们需要一个能为自己提供全面的饮食相关信息的地方，为自己生活带来便利和快乐。

××网站就是这样一个应运而生的产物，她的出现必然会给广大市民带来极大的帮助，同时也给餐饮行业带来新的发展契机，更为××地区历史悠久的传统美食文化传承做出自己的贡献。

三、网站栏目设计

1. 美食社区。一个小型的社区系统，供会员互动交流，和网站中各种内容具有良好的交互点评功能，包括美食评论、餐馆点评、聚会活动讨论等区域，用户也可自定义创建讨论区。

2. 餐饮信息。通过搜索、检索可查询会员发布的各种信息，如：餐饮设备、餐饮人才、店面转让、优惠促销、新店开张、供求信息等，用户可自定义创建信息分类。

3. 美食动态。系统初始创建了美食动态栏目，包括新店开张、优惠促销、美食动态等三个文章类别，可通过后台发布文章。用户也可以自定义创建文章栏目和分类。

4. 美食文化。系统初始创建了美食文化栏目，包括饮食文化、饮食健康、快乐厨房、美食菜谱等文章分类，可通过后台发布文章。用户也可以自定义创建文章栏目和分类。

5. 美食大全。具有频道首页，通过搜索或分类检索，可直接查询美食介绍、相关餐馆等信息。

6. 聚会活动。会员可发起组织聚会活动，具有活动发起、报名、评论等互动功能。

7. 网站首页。基于灵活的可视化模版引擎所构建的网站首页可以任意排版布局、灵活设置各版块显示的内容；灵活推荐餐馆、美食和各种文章、图片内容，结合多样化的广告发布系统，可创建一个内容丰富、门户味十足的首页。

8. 餐馆搜索。具有频道首页，可按地区区域、菜系分类、餐馆环境等条件组合搜索或分类检索查询餐馆，每个餐馆具有一个综合展示页，展示餐馆的菜式、店堂图片和网友点评。

商家类功能：发布餐馆介绍、餐馆图片发布、菜式发布、信息发布。

个人类功能：文章投稿、站内短信、活动组织。

四、网站的风格及配色方案

现如今，很多年轻人在聚会的时候往往不知可以去哪里吃饭，大家普遍认为餐饮业尚没有与生活之间形成一个很自然的联络，而解决这一问题的唯一途径就是通过互联网。基于网络的即时性、融合性和互动性，这一技术对餐饮业起着较大的推动作用。

但是，怎样才能使网站更加吸引消费者的眼球呢？下面简单介绍一下本网站的特色。

本网站主要作用是为广大食客搜罗各个地方的美食，令人垂涎欲滴的图片当然是不能少的。据调查，当人们打开一个网站的时候，首先映入眼帘的不是繁杂的文字而是那色彩斑斓的图片，本网站将投入大量的美食图片以吸引消费者的眼球。除此之外，本网站也会加入一首轻快的音乐作为背景，这样当人们打开该网站的时候，网友的心情就会更加愉快。

在网站配色方面，本网站将会以活泼的红色及橙色为主，因为这两种颜色更能引起消费者的食欲，而且还能给人一种热情欢快的感觉。同时可以体现出本网站的热情好客。

五、网站推广方式

网站的推广是要以网站本身的质量来作为基础的，如果网站做的很普通，那么推广也是劳而无获，看到你的网站没有新意，没有特色，那么谁还会在这样的网站逗留呢？网站的点击率之所以很高，很大程度上要归功于回头客，他们频繁的浏览网站，同时也自发的向他的朋友来推荐我们网站。

初期的推广计划：

1. 撰写一篇高质量、有吸引力的软文进行邮件群发。邮件群发是一个比较有效的推广方式，邮件群发有量大、快速等优点，每天可以发上万封邮件给邮箱用户。在群发邮件时要避免内容被系统辨识为垃圾邮件，而且还要具有吸引力。按照大数法则，邮件群发用得好的话就会给我们网站每天带来巨大的访问量。

2. 找一些有实力的商家进行合作，可以由他们提供最新的活动信息（这样的商家一般都有网站），通过网友了解各地加盟商的活动，在本站予以免费发布，这样可以实现双赢。

3. 在腾讯网论坛发表文章，召集网友建立QQ群，成立QQ广播电台。QQ是现在国内最流行的聊天工具，用户遍及全国各地，这对于网站收集信息和宣传有很大的帮助。QQ广播电台成本低廉，可以读一些散文，网友的原创故事，播报美食资讯，娱乐快报，介绍各地特色小吃，播放音乐等，要知道一些文字的东西通过语言表达出来，带给人的感觉是有差异的。

4. 利用各地门户网站的人气来宣传。在各地门户网站相关版块频繁发表相关的帖子，在帖子的底部签名档附带本站的链接。如果在淘宝网的话，浏览量会更多，但网站浏览量从低到高需要一个过程。

5. 在相关户外旅游网站和白领经常光顾的网站发表文章，把美食和旅游，以及白领一族的健康联系起来，可以和点击量高的旅游网站建立友情链接，借助这些网站的人气来壮大自己，而这些网站对链接的网站质量有较高的要求，一般的网站是无法吸引他们的注意的。

六、网站的宣传语

"××××，××××。"

七、网站域名规划

因为本网站是以美食为主的，所以就选用美食的拼音，能够让用户们一想到美食就能够想到我们的网站，另外，采用××的谐音，即老地方，让大家一听就能够感到一阵阵的亲切感，同时，我们也希望我们的网站能够成为众多用户寻找美食的老地方。

八、网站服务对象分析

经常上网的，喜欢网购的人群，其中××~××岁之间的白领阶层居多，他们平时工作比较繁忙，闲暇时间少，不愿下厨房，直接在网上订购自己喜欢的美食；有烹饪喜好的人，会在网上学一些新菜式，然后自己在家学着做；比较关注饮食健康的人群。

九、网站的赢利方式

1. 收取服务费。吸引商家进驻我们的网站，在我们的网站我们帮商家进行推广提高知名度，帮助商家进行促销，吸引消费客户。而我们就会对商家收取一定的服务费用。

2. 收取销售提成。比如有一个商家要进驻我们的网站，我们除了帮助商家进行推广，销售收取一定服务费之外。还会进一步在商家通过我们网站销售出去的商品中收取提成。

3. 在线广告。这是比较普遍的网站盈利模式，其形式繁多，只要有较多的浏览群体，就具备了网站广告收费的条件，当然，也可以作大型网站的广告合作伙伴获得一定的盈利。

十、风险评估

1. 租用的服务器的硬件、软件在升级时导致本网站的数据掉失，网友没法正常登录使用。

2. 租用的服务器存在漏洞遭到黑客攻击，导致本网站会员的个人信息泄漏。

3. 作为一个交流平台，被别有用心的网友发布非法广告的可乘之机。

十一、经费预算

空间站点购买：××元（半年）。

策划范例2：

××数码产品有限公司网站策划书

一、建站目的

1. 通过在线供求系统实现网上的供求信息的订购、查询、交易联系，优化信息的流通渠道。目前，传统的售后服务手段已经远远不能满足客户的需要，为消费者提供有效、便捷、即时的24小时网上服务，是一个全新体现项目附加值的方向。世界各地的客户在任意时刻都可以通过网站下载自己需要的资料，在线获得疑难的解答，在线提交自己的问题。

2. 充分利用网络快捷、跨地域优势进行信息传递，对公司的新闻进行及时的报道。产品信息通过网站的先进设计，既有报纸信息量大的优点，又结合了电视声、光、电的综合刺激优势，可以牢牢地吸引住目标对象。因此，产品信息传播的有效性将远远提高，同时也提高了产品的销售力。

3. 帮助企业建立有效的企业形象宣传、企业风采展示、企业产品宣传，打造××数码产品有限公司的新形象。对于一个以数码产品销售为主的大型企业来说，企业的品牌形象十分重要。特别是对于互联网技术高度发展的今天，很多客户都是通过网络来了解企业产品、企业形象及企业实力，因此，企业网站的形象往往决定了客户对企业产品的信心。建立具有国际水准的网站能够极大的提升企业的整体形象。

二、网站内容

设计重心转向以客户为中心，围绕客户的需求有针对性的设计实用简洁的栏目及实用的功能，极大地方便了客户了解企业的服务，咨询服务、技术支持、问题解答、个性化产品意见提出等一系列需求在××数码产品有限公司网站上逐个得到满足，充分帮助客户体验到××数码产品有限公司的全方位服务。

三、网站结构

1. 主要栏目

（1）信息反馈。信息反馈采用静态页面，实现方式为一个反馈表单，客户可以在线填写表单信息，内容以电子邮件形式发送到管理员信箱。客户可以选择不同的反馈信息类别，向不同的管理员发送反馈信息。

（2）产品介绍。本栏目为动态，其主要内容就是介绍公司最新产品的种类和价格等。此栏目是整个网站的重要部分。网站采用产品展示系统来管理产品。这样，产品信息的发布非常方便、快捷，而且能给网站访问者提供非常强大的产品快速查找的功能。

（3）企业荣誉。本栏目采用静态页面，主要内容为介绍公司所获得的荣誉证书、通过的技术认证等信息，可以采用图片加文字的表现手法。

（4）留言板。本栏目提供了一个公共的信息发布平台，适用于作为企业内部个人办公助手以及企业与企业之间进行信息交流；在Internet上储存留言资料，方便查阅。

（5）企业动态。本栏目为动态，其主要内容就是及时发布出××数码产品有限公司公司内部新闻、活动。

（6）关于××数码产品有限公司。本栏目采用静态页面，主要功能是宣传企业，通过对基本情况、服务、文化理念、产品的了解，使××数码产品有限公司为更多客户所熟悉、信赖。在页面设计上，我们灵活运用多种动画效果，力求将××数码产品有限公司的企业形象予以最好的传达。

网站首页：

网站首页是网站的门户，整个网站的最新、最值得推荐的内容将展示在这里。以达到整个公司的企业形象的和谐统一；在制作上采用ASP动态页面，系统可以调用最新的内容在首页显示。在内容上，首页有公司的推荐产品、新闻热点等信息，并且管理员在后台可以动态更新首页的内容，使整个网站持续充满生机和活力。在设计上，注重协调各区域的主次关系，以营造高易用性与视觉舒适性的人机交互界面为终极目标。给浏览者耳目一新的感觉，吸引浏览者经常访问××数码产品有限公司网站。

3. 功能模块

网站建设以界面的简洁化、功能模块的灵活变通性为原则，为××数码产品有限公司网站设计制作维护人员提供一个自主更新维护的动态空间和发挥余地，去完善办好该网站，达到一次投资，长期受益，降低成本的根本目的。

4. 网站的导航系统

网站采用全网导航系统，访问者可以清楚了解网站的内部结构，方便他们在不同部门之间跳转。

四、网站建设进度及实施过程

根据本网站建设过程中的工作内容和范围，将成立一个××人左右的项目工作组来负责本项目的开发。包括项目经理、高级程序员、HTML制作等。同时拥有一套实际运用和不断完善的实施方法和富有经验的项目管理人才。保证网站能顺利完成，有效协同各种专业人员共同参与，有组织有计划地进行资源管理和分配。

五、网站的服务对象

1. 企业内部人员也是网站的重要服务对象。企业各个部门的人员可以通过网站了解产品的销售情况和其他部门的处境，以更好地进行协调。

2. 网站的服务对象主要是客户和供应商。按客户结构分析，因为数码产品主要是时尚产品，用户主要集中在中青年和学生群体上，这个群体的需求较旺盛。

按客户的区域市场分析，表现为东强西弱，需求变化将具体体现为：经济发达的华东、华南、华北地区产品需求旺盛，个人和家庭用户需求为主；经济欠发达西部地区需求较少。

六、建立电子商务网站的必要性

当前网络的发展已呈现商业化、全民化、全球化的趋势。电子商务交易的个性化、自由化可为企业创造无限的商机，降低成本，同时还可以更好地建立同客户、合作伙伴及经销商的关系，为此，很多公司积极拓展电子商务，为客户服务，进行价值链集成。如今网络已成为企业进行竞争的战略手段。企业经营的多元化拓展，企业规模的进一步扩大，对于企业的业务扩展、管理、企业品牌形象等提供了更高的要求。作为专业的从事数码产品生产、销售的大型企业，××数码产品有限公司更需要建设好自己的网站，将其作为对外宣传及服务的载体，来配合公司的发展和需要，使网站具有鲜明的行业特色，使更多的客户通过网络来结盟××数码产品有限公司。

七、网站后期的维护管理

在网站日常运行中，维护管理十分重要。除了对整个系统进行必须的监视、维护来保证其正常运作外，管理维护阶段更重要的任务是从正处于实际运营的系统上测试其系统性能；在运营中发现系统需要完善和升级的部分；衡量并比对系统较商业目的和需求的成功与否。将所有这些信息整理成一份计划以便于将来对网站系统的改进和升级。以我们真诚的服务、卓越的技术、科学的项目管理方法，我们一定能将××数码产品有限公司网站建设得让客户满意！

网络营销策划

网络营销策划就是为了达成特定的网络营销目标而进行的策略思考和方案规划的过程。

从网络营销的普及与应用范围看，网络营销策略与手段不仅在互联网、PC、数码、手机等行业里享有盛誉，目前最广泛的网络营销方案当数品牌网络广告投放、关键词竞价或者说搜索引擎优化、企业网站建设、B2C、B2B、论坛推广、网络活动、电子邮件直投、网络媒体投放等，同时在博客营销、网络事件营销、网络整合营销、网络视频营销等策略上也有了显著的进展。

策划要点：

如今，通过互联网消费的人越来越多。人们在浏览网络信息时，只会挑选对自己有用的信息，很容易就会把广告的信息过滤掉。在这样的情况下，大多数传统形式的广告将难以发挥有效的作用。那些形式老套的弹窗广告、没有任何创意的展示广告只会招来网民的反感甚至谩骂。虽然是增加了瞬间的曝光率，但很快便会被忘掉。如果网民连最基本的点击都不愿意，产品再好、内容再好，都很难为网民所知晓，很难推广出去，真正能抓住网民兴趣和眼球的是那些有意思的、充满乐趣、充满创意的营销活动与营销话题、营销事件。

在网络营销策划时，把创意策略做无限放大，把创意元素融入到企业产品与品牌的推广之中，网络营销才能把新营销之火烧得越来越旺，网络营销的提速才可能得以实现。

策划范例：

××公司网络营销策划书

一、公司简介

本公司企业创建于20××年×月，以生产绿色产品为主（包括绿色食品、绿色日用品等），产品一经推出市场就受到广大消费者的好评。时至今日，本公司已建立了自己的品牌，并通过ISO90001国际质量体系等多家国际组织的认证。

二、公司目标

1. 市场营销目标：市场覆盖面扩展到国际，力图打造国际品牌。

2. 财务目标：今年（20××年）力争销售收入达到××亿元，利润比上年番一番（达到××万元）。

三、市场营销策略

1. 研究开发绿色资源，着重开发无公害、养护型产品。

2. 研究调查消费者对此类产品的选择过程和产品的改进方案。

3. 销售渠道重点放在大城市消费水平高的大商场，建立公司自己的销售渠道，以"绿色"为主。

4. 广告前期开展一个大规模、高密集度、多方位、网络化的广告宣传活动。突出产品的特色，突出企业的形象并兼顾一定的医疗与环保知识。

5. 价格稍高于同类传统产品。

6. 建立一流的服务水平，服务过程标准化、网络化。

7. 对销售人员的招聘男女比例为2:1，建立自己的培训中心，对销售人员实行培训上岗，采用全国账户管理系统。

8. 产品定位质量最佳和多品种，外包装采用国际绿色包装的4R策略。

9. 目标市场为中高收入家庭。

10. 在网上进行产品促销，节假日进行价格优惠，用考核销售人员销售业绩的方法，促使销售人员大力推销。

四、管理

（一）制定网站推广方案并实施

具备了一个好的网站平台，接着应实行网站推广。网站推广的过程同时也是品牌及产品推广的过程。

1. 我们可以借助的手段：

（1）借助传统媒体进行适当宣传。

（2）在公司所有对外广告中添加网址宣传。

（3）在公司名片等对外资料中标明网址。

（4）通过新闻组进行宣传。

（5）通过网上论坛、贴吧、微博、微信进行宣传。

（6）网站间交换链接。

（7）搜索引擎登录。

（8）建立邮件列表，运用邮件推广。

2. 制定网站推广计划应考虑的因素有：

（1）如何保持较低的宣传成本。

（2）我们竞争对手的推广手段如何。

（3）本公司产品的潜在用户范围。

（4）我们应该主要向谁做推广。

（5）是否需借助传统媒体，如何借助。

（6）我们以怎样的方式向其推广效果更佳。

（7）分清楚本公司产品的最终使用者、购买决策者及购买影响者各有何特点，他们的上网习惯如何。

（二）综合各部门意见，构建网站交互平台

公司网站作为网络营销的主要载体，其自身的好坏直接影响网络营销的水平，同时网站也并非仅为营销功能，还包括企业形象展示、客户服务、公司管理及文化建设、合作企业交流等等功能，只有在广泛集合公司各方面意见的前提下才能逐步建立起满足要求的网站平台。

构建网站应注意网站应有如下功能：

（1）交互功能：力求增加访问者参与机会，实现在线交互。

（2）网站人性化：以客户角度出发而非以本企业为中心。

（3）美观与实用适度统一：以实用为主，兼顾视觉效果。

（4）信息丰富：信息量太低是目前公司网站的通病。

（5）功能强大：只有具备相应的功能，才能满足公司各部门要求。

（三）网络营销战略的实施

制定了良好的发展战略，接下来就需要有可行的推进计划保证其实施，我们可按下列步骤操作执行：

1. 在网络营销费用方面我们将确保最大可能的节约，但我们仍需对可能的投入有所估计，我们的营销预算主要来自于：

（1）硬件费用：如计算机添置。

（2）人员工资。

（3）软件费用：如空间租用、网页制作、web程序开发、数据库开发。

（4）其他：如上网费、网络广告费等。

2. 专职网络营销人员职责应包括：

（1）网上反馈信息管理。

（2）对公司其他部门实施网上营销支持。

（3）独立开展网上营销活动。

（4）网站推广计划的制定与实施。

（5）网站日常维护、监督及管理。

（6）网上信息资源收集及管理，对公司网络资源应用提供指导。

（7）综合公司各部门意见，制定网站构建计划，并领导实施网站建设。

3. 确定负责部门、人员、职能及营销预算

网络营销属营销工作，一般由营销部门负责，在营销副总经理领导下工作。一般应设立专门部门或工作小组，成员由网络营销人员和网络技术人员组成，即使是工作初期考虑精简，也应保证有专人负责，工作初期调查、规划、协调、组织等任务繁重，兼职很难保证工作的完成。

五、网络营销的顾客服务

通过实施交互式营销策略，提供满意的顾客服务。主要工具有电子邮件、网络论坛、常见问题解答等。

六、网络营销战略

经过精心策划，公司首次注册了二个国际顶级域名，建立了中国"与绿色同行"网网站，在网站中全面介绍公司的销售产品业务和服务内容，详细介绍各种产品。紧接着逐步在搜狐、雅虎等著名搜索引擎中登记，并以网络广告为主，辅以报纸、电视、广播和印刷品广告，扩大在全国的影响，再结合网络通

信，增加全国各地综合网站的友情链接。

七、网络营销效果评估及改进

网站推广之后我们的工作完成了一个阶段，我们将获得较多的网上反馈，借此我们应进行网络营销效果的初步评估，以使工作迈上一个新的台阶。

评估内容包括：

1. 公司网站建设是否成功，有哪些不足。

2. 网站推广是否有效。

3. 网上客户参与度如何？分析原因。

4. 潜在客户及现有客户对我公司网上营销的接受程度如何。

5. 公司对网上反馈信息的处理是否积极有效。

6. 公司各部门对网络营销的配合是否高效。

评估指标主要有：网站访问人数、访问者来源地、访问频率、逗留时间、反馈信件数、反馈内容、所提意见等。

网络营销的有效运用，将可对公司其他部门的运行产生积极影响，同时也影响到公司的整体运营管理。作为网络信息条件经营方式的探索，它将极大推动公司走向新经济的步伐。它将发挥如下作用：

促进公司内部信息化建设，加快企业电子商务准备，完善公司管理信息系统，提高公司管理的质量与效率，提高员工素质，培养电子商务人才。

这些变化将影响公司现有的生产组织形式、销售方式、开发方式、管理方式等等，推动公司进行经营方式的战略性转型。

第十五章 公关策划

危机公关策划

危机公关具体是指机构或企业为避免或者减轻危机所带来的严重损害和威胁，从而有组织、有计划地学习、制定和实施一系列管理措施和应对策略，包括危机的规避、控制、解决以及危机解决后的复兴等不断学习和适应的动态过程。

众所周知，对危机事件的公关处理主要有两个方面：一是积极预防，严防危机来临；二是危机一旦发生，就立即采取有效措施，缓解危机，尽量避免重大损失。

策划要点：

危机公关策划需要遵循一些基本原则。这些原则制定的标准是根据在危机中受众所表现出的不同寻常的心理特征。依据这些原则进行危机公关策划可以在很大限度上减轻受众所表现出的紧张和恐惧心理，从而使危机公关在处理危机的过程中发挥积极的作用。

1. 保证信息及时性。危机很容易使人产生害怕或恐惧心理，因此保证信息及时性，让受众第一时间了解事件的情况，对危机公关至关重要。

2. 保证受众的知情权。随着社会的不断发展，公众对话语权的诉求越来越强烈。当危机发生时，所有危机受众都有权利参与到与之切身利益相关的决策活动。危机公关的目的不应该是转移受众的视线，而是应该告诉受众真相，使他们能够参与到危机管理的工作中来，表现出积极合作的态度。

3. 重视受众的想法。危机发生时，受众所关注的并不仅仅是危机所造成的破坏或是所得到的补偿，他们更关心的是当事方是否在意他们的想法，并给予足够的重视。如果他们发现当事方不能做到这些，就很难给予当事方以信任，化解危机也就变得更加困难。

4. 保证信源的一致性。危机公关中最忌讳的就是所传递的信息存在不同，这样很容易误导公众和破坏危机中所建立起来的信任。如果当事方不能保证信息的一致性，那么危机管理将无从谈起。

5. 保持坦诚。始终保持坦诚的态度，面对危机不逃避，敢于承担责任，就容易取得受众的信任和谅解。危机公关的首要目的也就在于此，保持坦诚是保证危机公关得以有效实施的基本条件。

6. 保证与媒体的有效沟通。媒体在危机公关中扮演了非常重要的角色，它既是信息的传递者，也是危机事件发展的监督者，所以保证与媒体的有效沟通直接影响了危机公关的走向和结果。

7. 信息要言简意赅。在危机公关过程中，受众和媒体没有兴趣去听长篇大论，他们需要的是言简意赅的核心内容，实时掌握事件的最新发展，内容还要通俗易懂，有利于传播。

8. 整体策划。危机公关虽然是因某个事件而发起的，具有不确定性，但制定危机公关方案时，需要站在整体的角度进行全面缜密的策划，才能保证危机公关的有效性。

策划范例：

××公司危机公关策划书模板

一、公司背景分析

在众多老字号企业中，××公司最为著名。但却在20××年发生了"添加门"事件：××市民××平时经常喝××公司生产的饮料。但是不久后，××感觉胃部不适，前去医院就诊，结果医生诊断为胃溃疡。医生分析认为，胃溃疡与其经常喝××公司这种饮料有一定的关系，熬夜上火属"虚火"，饮用××公司饮料不但没有得到缓解，反而会令病情加重。××的一篇博文将××公司推上风口浪尖。由于××公司的巨大知名度与品牌影响力，"添加门"事件发生后，迅速引起来众多媒体的关注，在客观报道的同时，各种各样的谣言与攻击也铺天盖地而来，让××公司一时间背负着巨大的舆论压力。因此，策划此次活动，以消除"添加门"事件对于××公司的负面影响。

二、公关目标

本次公关活动的目标：澄清事实，让消费者放心，重塑产品新形象。

三、活动主题

安全品质，健康共享

四、公关具体操作步骤

为了实现企业"澄清事实、消除疑虑、重塑形象"的公关目标，首先我公司应召开一次新闻发布会，然后利用这次发布会的内容在新浪、腾讯、搜狐等网络上进行宣传。同时为了消除此次事件的负面影响，扩大销售量，我们还将在后期举行××公司配方大揭秘和抽奖活动。

活动一：我们利用先前召开的新闻发布会的信息资源，选择新浪、腾讯、搜狐、网易等主流门户网站发布新闻报道以及××公司的相关广告，澄清"添加门"事件的事实，并附上××公司为消除消费者心中疑虑所采取的一系列措施。广大网民就会看到××公司企业为了维护广大消费者合法利益所做出的努力。让消费者进一步了解××公司，真正从内心把××公司产品定位为安全、健康的产品，提高消费者的忠诚度，并同时增加销售额。

活动二：举办"××公司配方大揭密"活动和抽奖活动

活动对象：××、××等城市繁华地带的广大消费者

时间：20××年×月××日—20××年×月××日

地点：××、××等城市为主的大型超市以及卖场内

活动具体流程：

1. 在××、××各销售点举行抽奖活动：奖项设置：一等奖笔记本电脑一台（各大城市共××台），二等奖数码相机一部（各大城市共××部），三等奖再来一瓶（中奖率××%）。抽奖方式：将奖项设置、兑奖方式写在瓶身上，将奖项写在拉环上。对于中一等奖、二等奖的消费者凭拉环及身份证复印件到就近网点确认个人信息，奖品将在三天之内邮寄到消费者家中；对于中三等奖的消费者，可直接凭拉环上的中奖信息到就近销售点换取奖品。通过购买××公司产品送台历的方式，使消费者更多的了解××公司的产品配方以及保证自己身体健康的注意事项，消除消费者对××公司的疑虑，解除危机。同时也体现××公司最根本的价值观——关心我们所处的社会以及生活在这个社会中的消费者，获得消费者的感情认同，在消费者心目中竖立良好形象。

2. 在××百货、购物商场等知名购物广场，对买××公司产品的顾客赠送印"××公司配方"及"健康知识"的台历（六瓶绑定送一个台历，台历上印

有××公司配方中各个中草药的作用以及不同体质人群的注意事项）。

活动三：要澄清××事件的事实，获得政府以及社会上权威专家、学者的认可与支持。

活动项目：联合××食品协会、××保健协会等权威部门召开新闻发布会，并邀请著名养生专家、中医学者座谈。

活动对象：××电视台、《××日报》、部分消费者。

时间：20××年×月××日

地点：××饭店

活动具体流程：

将媒体记者按顺序带进会场，由工作人员为媒体记者发放相关资料，待企业负责人、相关领导及部分专家学者到场后主持人宣布正式开始。由主持人为记者介绍各位与会领导和嘉宾，公司企业相关领导向各位与会媒体记者说明此次发布会的相关背景和目的。然后请卫生部相关发言人发表关于××为合法添加物的权威声明，声称××已在卫生部备案，××公司饮料受国家法律保护。并在会议中，郑重声明××公司饮料是严格按照国家有关规定组织生产和经营，根本不存在违法添加非食用物质问题，为××公司做出澄清。与此同时《××日报》等权威媒体立即头版刊登××公司的澄清报道。

五、具体问题具体分析

（一）发挥自身优势

1. 以"健康，清凉，绿色环保"为主要特征的植物型饮品成为目前饮料市场的突出力量，与往年相比，碳酸饮料已不再是消费者的主要选择，越来越多的消费者认识到植物型饮料的营养价值。作为与碳酸饮料、果汁、茶饮料并列的独立新品类，植物型饮料近几年的消费增长颇为惊人。××公司的表现尤为突出，据AC尼尔森数据显示，20××年第一季度，××公司同比增长超过××成为市场上最畅销的饮料品牌之一。正是因为这些优势使××事件发生以后仍有××的人对××公司保持忠诚、信任和支持的态度。但凉茶密方毕竟是国家的"文物"资源，××公司要想长久发展，就必须清除它发展道路中的"绊脚石"。

2. 品牌优势：作为有××年饮用历史的传统饮料××公司，继承了中华千年传统养生文化，同时在生产过程中秉承传统蒸煮工艺，经由现代科技将草本精华提取、调配及灌注而成。其采用的原料均来源于草本植物，并不包含任何人工合成添加剂。以健康养生为理念，以天然植物为原料，更加符合现代人的生活诉求，已经成为消费者日常饮料的主要选择。

3. 工厂布局优势以及渠道终端力：××公司具有的工厂布局优势以及渠道终端力，是让其竞争对手难以望其项背的主要原因。

（二）树立新形象

后来经过××等部门详细调查研究发现××虽然没有在卫生部公布的、允许食用的中药材名单之列，但它确实是安全药材。因此××公司有机会发展下去，并且越来越红火。但由于部分消费者已经对××公司有了一些误会，因此我们有必要策划一些活动来消除这些误会，解除××公司的危机，重塑××公司安全、健康的形象。

六、准备充分

1. 宣传推广：电脑、手机、台历、海报。

2. 会场布置：灯光、音响、设备、海报、桌椅、横幅、剪刀、胶布。

七、宣传活动

1. 电台：××电视台

2. 网络：××、××、××。

3. 印刷：

（1）报纸：《××日报》《××经济报》。

（2）台历。

八、经费预算（略）

九、成果检测

1. 内部员工。经过此次事件，内部员工将会形成更强的凝聚力。企业自身（××公司）成功的危机公关恢复消费者对品牌的忠诚度，提升自己的美誉度。

2. 政府部门。努力澄清事实，政府将会大力支持和帮助××公司。媒体跟踪报道，帮××公司澄清形象，重新树立美誉度。

3. 对于消费者。经过一系列的澄清，心理上会得到一定的满足和慰藉。消费者会逐步恢复对××公司的态度，并再次购买，从而有助于成为××公司的忠实顾客。

十、总结

在一个新的市场环境里，我们不能将企业危机简单理解为利益上的冲突，价值观、情感方面的迥异及对抗都可能引发企业重大危机。这对企业而言，危机管理的重点或许就应该在完善企业内部管理同时，认真倾听、追踪公众舆论，并及时对舆论情绪做出反应，第一时间将危机的种子扼杀在萌芽状态。恢复社会、消费者、政府对它的信任。这样不但可以使品牌形象得以恢复，而且还能够进一步丰满和提升品牌形象！

新闻发布会策划

新闻发布会又称记者招待会，是一个社会组织直接向新闻界发布有关组织信息，解释组织重大事件而举办的活动。

新闻发布会有以下几个特点：

1. 沟通活跃：双向互动，先发布新闻，后请记者提问回答。

2. 正规隆重：形式正规，档次较高，地点精心安排，邀请记者、新闻界（媒体）负责人、行业部门主管、各协作单位代表及政府官员。

3. 方式优越：新闻传播面广（报刊、电视、广播、网站），集中发布（时间集中，人员集中，媒体集中），迅速扩散到公众。

策划要点：

新闻发布会整个流程要详细全面，有专人负责，可以根据情况不同调整应邀名，对重要人物实施公关和追踪，并预备备用方案，确保新闻发布会参与人的数量和质量。与活动的日期相一致，加强对外宣传的力度，善于扑捉新闻亮点、具有市场卖点、避开其他不相关的新闻事件。

在做新闻发布会策划之前，公关公司要对新闻媒体议程（媒体的采前会、编前会）、新闻传播途径、新闻话题设置、公众舆论走向、媒体运作机制有深刻理解，同时对新闻发布会主办方所在行业背景、产业动向、竞争对手传播策略有着透彻的分析和把握，具备这些专业知识，才能策划出好的新闻事件，达到好的传播效果。但是，要吸引公众关注首先在形式和内容上要引起媒体兴趣。具体来说，策划新闻发布会应注意以下几点：

1. 借势当前公众关注的新闻事件，迎合新闻热度，释放相关性话题。

2. 借明星、大腕助阵。

3. 结合宏观背景、产业背景、行业背景，为新闻发布会造势，为媒体提供更多新闻由头和报道角度。

策划范例：

××招商单位新闻发布会策划

一、活动地点：××会议室

二、活动时间：20××年×月××日

三、活动主题："×××、×××"

四、活动目的

1. 与媒体建立良好的客情关系，伺机进行宣传，巩固和提升经销商的信心。

2. 争取得到政府部门和广大市民的认可，引导社会舆论支持。

3. 介绍、宣传、推广本地区的投资政策和环境，并针对投资有关问题进行说明和解答。

4. 加强同地方媒体的沟通、扩大宣传。

5. 塑造招商企事业单位品质卓越、技术先进、关心和支持社会发展的形象。

五、背景分析

为一个地区进行招商推广、引进投资者，其基本原理与向市场推销、推广一件商品是一样的。推广一种商品的最基本方法就是利用各种传媒进行广告宣传，让潜在的顾客知道这种商品，认识这种商品，逐步达到对该商品的认同和接受。一个地区要进行招商推广，引进投资项目，也必须利用各种传媒大力宣传该地区的投资环境、投资政策、投资法规等，树立良好的地区形象，使之对未来的投资者产生一定的影响力和吸引力，并在他们的心目中留下一定的印象。否则，招商工作将难以展开。

六、宣传方式

1. 会后跟进，分别给每位与会者感谢信，并同时收集反馈意见。

2. 有针对性地联系各报社记者，对开发区用动态进行分阶段报道。

3. 在《××日报》《××日报》《××晚报》等报纸刊登新闻发布会广告。

4. 在《××日报》《××日报》上发表平面广告，配合信息时报的软性文章发起话题，突出开发区的黄金要点。

5. 将现场得到的信息再次反馈给与会人员，引起关注。

6. ××电视台、××电视台、××人民广播电台进行专题活动报道广播。

七、准备工作

1. 现场布置

会场外：会展中心左右两侧各放一个气孔门，气孔门两边各挂两个飘空气球，展馆两旁的路上插上步道旗，并在每隔20米和拐弯处设指示牌。

会场内：背景板画有经济开发区的标志，并写上"××经济开发区新闻发布会"；会场两边墙上挂着横幅，主席台周围布上盆景。

2. 物料准备

活动物料：邀请函、嘉宾名称牌、签到笔、本、文件资料袋、胸花、宣传单页、领导发言稿、照相机、录象设备、音箱、话筒。

布场物料：气孔门、彩旗、横幅、飘空气球、盆景、指示牌、展架。

3. 工作人员配备

（1）会议的工作人员除做好会场服务工作以外，还要注意个体形象，取得与会宾客的信赖。

（2）保安人员，负责维护现场的秩序，保证现场的安全。

（3）布置现场人员和服务人员提前到会场进行相关的准备工作。

（4）招商部人员进行现场服务，以备某个环节出现漏洞时抢救。

（5）礼仪小姐作好接待指引工作。

（6）主持人一名，主持发布会过程，要充分发挥组织和主导的作用，突出重点，促进交流，活跃气氛，引导讨论。

八、活动程序

××：00—××：30签到。

会务接待人员在会场入口处设置签到点，请与会来宾在签到本上签名并留下名片，佩戴胸卡，热情解答来宾的询问，礼仪小姐引导来宾进入会场就座。对邀请到会的重要客人，应有专人引导和陪同。

××：30—××：40发放资料。

接待人员将会议议程表、招商项目资料、招商宣传资料等有礼貌地发给来宾，对与会的新闻界记者，还要加上会议新闻统发稿、背景材料、图片等。

××：40发布会开始。

主持人宣布新闻发布会开始，介绍与会的贵宾，对来自各方各面的贵宾来客能在繁忙中参加会议表示感谢，并说明会议召开的背景、意图。

××:40—××:20开发区领导向新闻媒体发布。

××:20—××:40播放有关开发区宣传片，并现场观看整个开发区设计模型。

××:40—××:10答记者问。

××:10—××:40领导嘉宾和记者共进午餐，加强交流，力争在相关媒体把本次活动宣传到位，以收到良好的经济效果和社会效果。

××:40发放开发区的宣传品和纪念品。

九、拟邀请单位嘉宾

××人民政府、××市城市规划局、××市环保局、××经济开发区管理室委员会、当地知名媒体代表、各地经销商代表、群众代表、外地公司驻××代表。

十、拟出席媒体

报纸：××日报、××日报、××晚报、××早报、××日报。

电视：××电视台、××人民广播电台、××电视台、××电视台经济频道、××电视台文体频道、××经济广播电台。

网络支持：××生活网。

十一、经费预算表（略）

十二、效果评估

从会议上来宾的发言、讨论、提问、留言的主要观点和倾向，会场气氛，与会宾客的知名度和代表性，新闻媒介报告的侧重面，会上有否出现预想不到的问题，本开发区形象的前后变化，或没做好的工作等方面的情况与预设目标相比较，综合考察和评估。

公关专题活动策划

公关专题活动策划是指公关人员根据组织形象的现状和目标要求，分析现有条件，谋划、设计专题活动和具体公关活动最佳行动方案的过程。策划方案是公关专题活动的具体行动方案，是公关活动评估的依据和标准。

公关专题活动有鲜明的目的性，以公共关系主题传播为目的。公关专题活动有清楚的诉求对象，这些对象是公关的目标公众。公关专题活动是有计划的、有步骤开展的团体活动。公关专题活动的种类很多，如庆典活动、联谊会、展览会，交际舞会、记者招待会、赞助活动等。

策划要点：

公关专题活动策划一般有以下9个步骤：①综合分析信息；②确定公关活动目标；③确定目标公众；④确定活动主题；⑤选择活动模式；⑥选择活动时机；⑦确定时间、空间；⑧活动经费预算；⑨形成策划书。

策划范例：

××自行车公司端午节活动策划方案

一、前言

五月初五，是我国传统的端午节，又称端阳节、午日节、五月节、艾节、端五、重午、午日、夏节。端午节在我国已有两千多年的历史，早在周朝，就有"五月五日，蓄兰而沐"的习俗，每到这一天，家家户户都悬钟馗像，挂艾叶菖蒲，赛龙舟，吃粽子，饮雄黄酒，佩香囊，备牲醴。

在我国的传统节日到来之际，将运动元素与传统文化相结合定能相得益彰。在节日前一个月××自行车制造公司委托××公关公司抓住端午节这一时机开展以宣传为主的公关专题活动。当能源危机冲击机动车市场，当健康、环保、低碳概念越来越深入人心，自行车的优势逐渐突显，自行车市场将更加活跃。适时运用节日时机有助于提升产品的品牌影响力。

二、自行车市场现状与××企业形象分析

（一）行业概况及运行特点

1. 行业概况。据国家统计局统计，20××年自行车行业规模以上企业有×××家，生产自行车、电动自行车共计×××万辆，全年完成工业总产值×××亿元，销售收入×××亿元，利润总额××亿元，利税总额××亿元，吸纳就业××万人。自行车及其零部件销往××个国家和地区，其中，出口整车×××万辆，同比增长×%，创汇××亿美元，同比增长×%；出口零部件创汇××亿美元，同比增长××%。经济效益和社会效益突出。截至20××年×月底，国内共有规模以上自行车制造企业×××家，比20××年底的×××家增加了××家，比20××年的××增加了××家。而从近四年整体的数据来看，平均每年规模以上企业数量的增长率为××%。

行业已完全实现市场化运作，规模以上企业各种所有制完成工业总产值的比重依次为：外资企业（×××亿元，××%）、私营企业（×××亿元，××%）和其他所有制企业（××亿元，×%）。

2. 行业经济运行特点。一是经济运行态势良好，产量、出口量、出口金额和平均出口价格均持续平稳增长。20××年一季度规模以上企业共生产整车×××万辆，同比增长×%，产销率××%。完成工业总产值××亿元，增长××%。整车出口到×××个国家和地区，出口金额×亿美元，增长××%。出口自行车零部件×亿美元，增长××%。

二是行业专业化程度高，生产体系日趋完备。国内各种钢材、铝合金、钛合金等轻合金材料供应充足。原材料加工成形、整车生产涂装、各类各档次零部件的专业加工制造及配套齐备，已形成完整的生产体系。

三是产业集聚化程度和效应明显。自行车企业主要集中在天津、江浙沪、广东三大区域。以2006年为例，各地自行车（含电动自行车）产量及占总产量比例依次为：天津（××万辆，占××%）、浙江（××万辆，占××%）、广东（××万辆，占××%）、江苏（××万辆，占××%）、上海（××万辆，占×%）。以上五省市合计占全国总产量××%。

四是产品技术含量和质量档次不断提高。产品开发基本采用计算机三维设计并充分考虑人体工程学。企业生产中使用铝合金、镁合金、钛合金和碳纤维等新材料、新工艺的产品比例不断提高，并在管理中运用ERP等先进管理软件和理念，使得自行车产品技术含量和企业经营管理不断跃升。

五是优势地位愈加明显。目前，世界自行车年产量约为×亿辆，年贸易量约为××××万辆，我国自行车产量、出口量均占世界总量××%以上，国内消费量也居世界第一，制造能力不断提高。由于早年自行车发达的美国、日本在结构调整之后，已无产业基础，中东、东盟自行车基础薄弱，因此，与现有的竞争对手相比，我国自行车产业已具有较为有利的竞争优势。

（二）面临的主要问题

1. 产业结构亟待调整

一是行业集中度不够高。主要表现在生产规模大的龙头企业占全行业比重不高。年产量××万辆以上的企业数量仅占企业总数的××%左右。

二是专业化分工、产区集聚仍需继续深化。以天津为例，众多自行车及零部件生产企业分散在不同城区。

三是出口产品较为单一。目前出口产品主要以代步车和小轮车（××英寸或以下）为主。以20××年为例，这些产品占出口总量××%，平均出口单价××美元，比整体出口平均单价低了×美元。

2. 行业缺少自有品牌

一是国内市场知名品牌数量及其所占市场份额均较低。自行车、电动车整车企业均超过千家，20××年仅×家企业分别获得"中国名牌"或"最具市场竞争力品牌"，在评选过程中发现，占市场份额最高的企业其产品的市场占有率也仅为×%左右。

二是行业缺乏国际知名品牌，缺乏通畅渠道。自行车行业出口产品××%以上为国外定牌生产，其余的不到××%产品虽以自有品牌出口，但主要通过超市进行销售，产品以小轮车为主，很难提升档次和附加值。

3. 行业盈利状况不理想

一是国内市场呈缓慢下滑趋势。究其原因是国内消费以普通代步自行车为主，用于运动、休闲、竞技器材的中高档自行车尚未普及，自行车环保、节能、健康的优点也未得到充分宣传。

二是出口继续稳定增长但空间有限。国际市场贸易量长期稳定在××万辆左右，我国20××年出口××万辆，占全球××%。意大利、德国等掌握高档市场，而其它发展中国家，如越南、印度、孟加拉国等发展很快，在中低档产品市场与我国同类产品竞争激烈。

三是行业平均利润仅为××%左右。面对激烈竞争，在无法发掘更深层的核心竞争力之前，行业只能靠价格和数量扩张取胜，不仅影响了自身利润和研发投入，又有引发国际贸易纠纷的忧虑。

××自行车公司是石家庄新兴的自行车企业，主要生产山地车与休闲系列自行车，在石家庄市具有比较大的影响力，曾获国家自行车质量银奖。××公司积极进取，聘用高级力学工程师、采用新技术，为创造更好的运动自行车而努力。在能源危机的影响和低碳理念深入人心的时机下，××公司决定抓住机会，利用端午节这一中国传统节日开展公关活动提升自己的品牌形象

（三）××企业形象分析

起初大部分人们并不认同××公司的自行车，而这并非是××公司本身不行，而是其产品形象不好。在青少年方面，公司产品的评价还是挺高的，但顾客随着年龄的增加，对××自行车的接受度就越低，觉得幼稚可笑。对此，××公司采取了一些列措施。

首先，革新产品设计，推出更多选择花色品种，包括多种适应市场流行趋势的样式造型。

其次，与中国移动动感地带合作，推出积分满×××分（含×××）以上享受购买××自行车七折优惠的活动。

再次，出资组织一支专业赛车队，并且不遗余力地宣传该队取得的所有比赛胜利成就，借此改变产品以前的幼稚形象。

最后，展开一些列生动有趣的广告宣传活动，大举参与体育比赛，制造宣传攻势，即投入所谓的运动广告活动。

三、活动主题、目的和意义

主题——"品粽趣，乐动校园"以自行车赛为载体，加入端午节的粽子元素，配以诗文展示、广播宣传使同学们在运动的同时感受到我国古代文化的

博大精深。"乐"为××企业的重要标识，将其融入主题之中，为点睛之笔。"乐"——感受传统文化之乐；品粽香之乐；比赛之乐；助希望工程之乐。

××自行车系列主要针对热爱运动的中青年，定位为高端的运动自行车形象，主要目标人群为白领阶层。而大学生就是未来白领阶层，抓住了现在的大学生，也就抓住了未来的市场和经济效益。

通过举办校园赛事达到以下目的：

1. 对中国的传统文化感兴趣，产生初步的民族自豪感。

2. 通过端午节大学生自行车趣味赛事现场气氛及相关媒体的宣传，提升××企业在大学生心目中的形象。拉近潜在顾客与企业的距离。

四、具体行动方案

经过前期充分准备，选择在端午节这一天（×月×日）在××大学北校区举办"花样"自行车竞赛活动，优胜者颁发荣誉证书并赠送精美礼品。比赛所用自行车全部有××公司提供，在比赛结束后，比赛用自行车将全部捐献给希望工程，在颁奖现场与希望工程相关负责人签署捐赠协议。任命冠军组为爱心大使，代表××企业将这些礼物送达，并进行全程跟踪报道。

比赛规则：竞赛形式为团体赛，每组×人，骑自行车向路边的鱼形口中扔粽子，规定时间内数多者为胜。

（一）地点选择：××大学北校区

此次活动主要针对当代大学生，××大学在石家庄大学中比较有名气。××大学是河北省重点建设的×所骨干大学之一，是一所以经济学、管理学、法学为主，兼有文学、理学和工学的多学科性财经类大学。20××年接受教育部本科教学工作水平评估获得优秀。××大学校园环境优美且面积广，交通便利，是非常适合开展大学生活动的场地。××公司可以借经贸大学提升自己的品牌形象，同时校方也可以通过活动来宣传学校。

（二）时间安排：

×月××日—××日：活动前期准备

成立项目小组，确定项目小组负责人。

×月××日—××日：由项目组联系校方负责人，获得校方支持。邀请学校校学生会、院学生会以及社团联合会参与活动的举办。同时预约相关单位主要人员。

×月××日—××日：在学校范围内进行活动宣传，进入预报名阶段。

在预报名阶段，凡参与报名者，均赠送精美粽子饰品一个。鼓励班级集体参加活动。

×月××日：活动实施。

赛前准备：设备调试，活动负责人员安排到位，各大报社记者、电台记者进入现场。

赛中安排：专业人员计时，利用学校的广播设施，对赛事进行现场报道。为增加赛场气氛，在比赛统计结果期间进行舞龙表演等特色舞蹈。

赛后安排：颁奖典礼，捐赠仪式。现场清理工作。

（三）保障措施

基本保障设施：现场周围布置太阳伞防晒，提供免费绿豆汤，赠送印有"××"标识的太阳帽。通过市气象台了解活动当天及前几天的天气状况，做好充分的准备。

紧急医救：活动现场安排3名医务人员。

安保：相关安保人员。

食品安全（粽子、饮水、绿豆汤等）：由专人负责。

五、传播沟通方案

在学校设置展板展示端午节的起源，风俗习惯，使人们更加了解端午。并且在此要设置展板来展示宣传公司文化历史，增加××在公众中的美好形象。

在活动准备阶段预约××晚报、××都市报、××青年报记者，特邀市电视台记者前来参与活动。在活动过程中各大报社及电台记者对此活动进行报导，这是对公司良好形象的有效宣传。

同时在活动中邀请一些文化研究工作者、学校领导前来参与，增加活动的文化氛围，在活动开始前由活动主持人向大家介绍，并让其代表者对本次活动进行致辞。使得人们娱乐的同时也能够对××公司留下非常好的印象。

六、经费预算

设备租赁费：××元

报纸广告费及媒介报道安排费用：××元

人员管理费（活动监督、现场布置、人员调度、后勤工作）：××元

宣传费（传单印刷、购买横幅、展板）：××元

奖品费用：××元

舞蹈演员雇佣费：××元

电话联系费用：××元

医务人员雇佣及医药费用：××元

颁奖典礼主持雇佣费：××元

捐赠希望工程：××元

其他费用（茶水、食物等）：××元

预算总计：××元

七、效果评估

定性分析：通过搜集报纸了解人们的态度为积极、一般还是消极。

定量分析：通过问卷法，调查××自行车品牌形象在大学生当中的认知度等。

科学判断活动的成功之处与不足，为以后办活动留下经验。

活动前，工作人员做了充分的准备；活动中，各个环节联系紧密，有条不紊，防护措施周全，诚邀××省主流媒体报道；活动后，清理场地，做好善后工作。

第十六章 文化娱乐策划

历史文化活动策划

我国历史悠久，具有深邃的文化内涵！举办历史文化活动，其主要意义为回顾历史记忆，丰富人们的精神生活，让人们了解更多的历史文化，弘扬和树立人们的爱国主义精神。历史文化活动有利于大家在知识的海洋中认清自己的位置，增强继承和弘扬民族传统文化的信心和毅力。

策划历史文化活动的主要目的是通过古代文物、典籍、历史图片等形式让人们见证中华文明的起源，感受中国古代文明的历史渊源。从而认识到人类社会发展的历程，寻求历史的真谛，见证历史把握历史的脉搏，达到学习历史使人明目、以古鉴今的目的。

策划要点：

历史文化活动策划案应对主题、形式、目标、内容、步骤、人员组织结构、具体分工、注意事项都加以阐述，从而使参与者有章可循，为保证活动的成功保驾护航。

策划范例：

20××年××市饮食文化节策划案

第一环节：文化节综述

一、主题与目标

1. 主题：交流、合作、文化。

2. 目标：构建合作平台，打造连锁品牌。展示企业形象，促进行业发展，树立城市形象，提升饮食文化。

二、时间地点

时间：20××年×月

地点：××

三、前期筹划

20××年×月成立××饮食文化节筹备委员会，筹委会秘书处下设办公室、新闻公关部、赛务管理部、业务发展部、财务部、项目开发展、法律事务部。

××饮食文化节筹备委员会在成立两个多月里用电话、传真、信函、互联网邮件等方式与多个餐饮协会进行友好的沟通，并意向确认参加文化节的饮食行业相关企业参与20××年××饮食文化节。

四、文化环境

随着××餐饮业的迅速发展，它所散发出的文化情调、异域风情已经被越来越多的人所接受。在中餐、西餐、快餐觥筹交错中感受着不同国家的文化品位、艺术和饮食风格。餐饮文化日益提升着城市的文化品味，彰显都市时尚魅力。举办此次"××饮食文化节"的目的就是通过一系列活动，展现××饮食文化的韵味和魅力，提升广大市民的饮食品味，凝炼××饮食文化的精髓，弘扬××饮食文化的创新精神，在促进餐饮服务业、对外贸易、中外合作、吸引外资、技术引进等方面起着积极的作用，同时文化节将给本地政府餐饮产业带来颇丰的经济效益和社会效益。

五、文化背景

××餐饮业从业人员众多，且从餐饮用品到烹饪技术竞争都极其激烈也越来越讲究，要求越来越高。新产品、新技术层出不穷。单论数量，××大大小小的餐馆饭店就超过××家，对于一个面积不足××平方公里的城市来说，数量十分惊人，××美食不仅历史悠久，而且不断推陈出新，同时，××经济和城市的巨大发展还吸引了上千万全国各地的人来××创业，他们来到××的同时，也带来了全国各地菜系和各种风味小吃，与××本地美食相生相融，形成了丰富多彩的××饮食文化。

近年来，餐饮原材料及相关产品的国际贸易迎来了大幅度的降低关税及至完全开放的市场，××是经济贸易发展的重要城市之一，将首当其冲，国外餐饮机构、产品、原料及设备将大量进入中国市场。

六、文化节内容

1. 现场展示

（1）招商项目查询、省内名企、××市优秀企业介绍等展区。

（2）组委会负责场馆整体设计。

（3）以参展商为基本的展示单位，采用布景、屏幕墙、动态投影、大型标志模型、图片及文字说明、产品实物、多媒体介绍等。

（4）表现国际展会活动概况，突出企业的风格。

（5）展区备以洽谈区域，以方便业务洽谈。

2. 论坛

××饮食文化与餐饮行业创新及设备发展论坛。由各餐饮协会代表、组织机械代表、经济学家、企业家、市里相关部委领导进行论述。

3. 投融资创业洽谈会

汇聚商业信息，参展商和采购商提供相互洽谈，交流、贸易平台，主办方进行现场推荐。

第二环节：系列活动

一、活动比赛

作为20××年××饮食文化节的系列活动，××饮食形象大使比赛将带给我们一种全新的饮食文化，其独特的视角必定会受到社会各界的广泛关注。此次××饮食形象大使大赛以树立企业品牌形象，促进经济、文化和社会发展，扩大文化节的知名度和影响力为宗旨，使××饮食形象大使大赛成为一种交流和传播的机制，提升饮食品牌在消费者心中的认知度，将企业品牌传播并发展光大。

宗旨：树立企业品牌形象，提升饮食品牌在消费者心中的认知度，促进本地经济、文化和社会发展。

主题：感受全新休闲生活，打造××饮食风向标。

二、饮食文化书画摄影作品大赛

首届××饮食文化书画摄影作品大赛，全方位融合饮食文化，将现代生活意识、文化艺术、休闲娱乐融为一体，对推动我市书法、绘画、摄影艺术产业的发展，加强社会主义精神文明建设，促进市内外艺术交流有着重要意义。作为20××年××饮食文化节的辅助活动，必将对提升饮食产业的品牌形象，扩大企业知名度，对社会各界产生广泛的影响和极高的吸引力，提高公众的关注度。

三、××餐饮企业××强排行榜

四、××饮食文化征文活动

五、××餐饮产业风云人物评选

六、文化节预测

1. 制定相应的规范和标准

首先，展区分××饮食文化展览会、××本土美食展览会、餐饮瓷器、餐具展览会、餐饮行业原材料及加工机械设备展览会、餐饮行业广告媒体展览会、餐饮行业工程装饰展览会、知名餐饮企业等七大展区。

其次，集中展现本地饮食特色。本次文化节将成为全省各市餐饮行业展示自我的重要平台。全省各市都将以各种形式参加文化节，展览项目达××个；其中包括大量获得国际、国家级或省部级科技奖、专业奖项的产品。此外，本届文化节洽谈活动将首次设立以推介餐饮行业、热点地区及重要项目的推介会。

2. 打造具有品牌效应的文化节

"20××年××饮食文化节"是餐饮行业的一次大型盛会，汇集整个饮食行业的优秀产品和先进技术，为××市相关企业提供一次面向全省市场展示产品、技术、设备和加强合作的机会。为我市经济发展蓄积能量，强力助推本地餐饮行业层次提高、品味升级及经贸发展，引领市内一批餐饮企业与国内外接轨。

3. 发展前景

新产品、新工艺将是本届文化节规模最大的展区和出现频率最高的企业领域之一，新产品、新工艺集中展示了高新技术及全新的饮食文化在行业中的应用。文化节实施的四大工程有：餐饮行业供需设施工程，餐饮行业商机开发工程，餐饮行业技术研发工程，餐饮产业推进工程。

本次文化节将成为餐饮产业投资政策发展规划的展示窗口和专业服务平台，并向社会各界人士展现出一个未来餐饮行业的巨幅画卷和良好的发展前景。

4. 文化节的影响力

（1）文化节将成为集产品展示、贸易交流、技术转让、招商引资、理论研讨、信息交流、文化传播的专业化盛会。

（2）市内外10多家媒体，数十名记者将对本次博览会进行全方位、深层次的报道；著名学者和企业代表将登台演讲，主题报告、专场研讨会将给人以新思路、新理念、新启迪，并对我市餐饮行业的发展具有划时代的意义；国际餐饮机构、省内外企业代表将搭起国际合作与行业发展联盟的交流平台；组委会将在国际互联网上发布参会的所有商家及项目。

第三环节：媒体宣传

宣传特点：政府主办，规模宏大，广泛关注，媒体大力支持。联合电视、广播、报纸、网络、海报宣传品、短信平台大力宣传文化节各项活动。

一、电视媒体

邀请××卫视、××电视台等媒体直播，录播文化节各项活动全程，大力宣传报道。

二、平面媒体

××日报、××都市报、××经济报、××生活报等本地主流报纸、杂志参与报道。

三、网络媒体

××网、××官方网等各大门户网站将大量转载刊发。

环保宣传活动策划

众所周知，随着现代社会的飞速发展，环保问题日益严峻，虽然这早已引起了人们的普遍重视，但真正行动起来、参与环保事业的人却寥寥无几。为了让大家了解更多的环保知识，激发对自然的崇敬保护环境的意识，因此，进行环保宣传策划活动十分必要。

策划要点：

策划环保宣传活动应按以下主旨进行：

从我们身边的小事做起，打造我们健康环保的出行方式，宣传我们低碳环保的主题，用我们的行动将这份清新的绿色倡议传递得更远，让低碳环保的意识融入我们彼此的生活，并进行了有关于环保知识的宣传活动，期望将"低碳、环保"的理念传递给更多的人。

策划范例 1：

××校园环保宣传活动策划方案

一、活动背景

××年××大会正逐渐向我们靠近，为迎合××大会的顺利召开，体现环保精神，使环境保护进入文明校园建设管理体系，使学生在日常生活中能够自觉的保护环境和节约能源，我们有必要在校园建设绿色的、人与环境和谐共存的生存环境，普及学生的环保知识，提高学生的环保意识，建设绿色家园，让真正的环保走进校园，走进生活。

二、活动时间：20××年×月××日—×月××日

三、活动对象：全校同学

四、活动主题：争当绿色校园环保使者

五、活动地点：校多功能厅

六、活动内容：环保知识竞赛，环保写作与演讲，废弃物品的收集

各班团支书组织本班的班会，在班级、宿舍等地宣传环保，增强同学的环保意识；在食堂使用无磷洗涤用品，尽量少用一次性餐具和塑料袋，回收废旧电池，分类放置垃圾……等环保主题宣传；在校园内倡导环保型的生活和学习方式。

七、活动目的

1. 通过深入校园，大力普及环保知识，提高在校学生的环保意识，培养学生关注社会发展的责任感和热爱社会公益事业的品质。

2. 在宣传教育别人的同时，也不断提高自己的环保意识水平和知识水平，让我们彼此教育，负起环保责任，全面提高环境与发展意识，树立正确的环境价值观和环境道德风尚，从身边点滴做起。

3. 建设绿色家园，弘扬社会道德风尚，促进社会的和谐发展。

4. 学习掌握世界性及中国的环保日名称、由来、时间、口号等知识，保护环境。

5. 绿色校园环保宣传活动，邀请团委学生会成员一起参与，充分发挥学生的主体作用，有效调动学生的创造性和积极性，校园宣传效果将更加显著。

6. 校园环保教育活动是一项经常性工作，建立校园环保宣传示范点，打破传统的读材料、发传单的旧模式，开展环保知识调查、环保游戏、有奖知识问答，创设交流等新颖形式，让学生在宣传中也能提高自己。

八、具体实施（略）

九、活动倡议书

同学们，你想当一名"绿色使者"吗？你想做一名环境保护的实践者吗？让我们一起珍惜每一寸土地、每一滴水、每一棵树，让我们彼此提醒，彼此教育，彼此鼓励，负起环保的责任，全面提高环保意识，使用无磷洗涤用品，少用一次性餐具和塑料袋，回收废旧电池，等等，关系到自己的、爱人的、朋友的、他人的健康和幸福。让我们时刻都记得，一粒沙尘、一只废电池、一股尾气，在不知不觉中就能改变世界，伤害到我们。

让我们携起手来，让我们一起共同学习环保知识，增强环保法律法规观

念，积极参加环保活动，从小事做起，从现在做起！保护环境，保护资源，共建美好家园。美好的生活，绿色的家园，需要所有人共同努力。做一名"绿色使者"，你准备好了吗？

策划范例2：

××校园绿色环保宣传活动策划方案

一、活动背景

随着世界各国生产力水平不断提高和经济的快速发展，人类对环境的影响也越来越大，环境问题也越来越尖锐化。严重的生态破坏和环境污染已成为当前人类所面临的重大问题。作为当代大学生我们应该为环保做些实事，在志愿者服务活动周，我们更要做好绿色环保宣传活动。

二、活动时间：20××年××月××日

三、活动地点：××公园

四、活动参与人数：××人左右

五、活动流程

1. 活动前期

（1）取得校方各级领导的支持。

（2）在教学楼附近进行图板、海报展出宣传。征集人员参与活动，写好环保标语，积极配合组织部完成活动任务。

（3）买好所需的物品。

2. 活动中期

（1）人员分配。

（2）注意安全问题。

3. 活动后期

（1）将所拍的照片进行展览，让大家在很轻松的环境下了解我们周围的环境现状。

（2）对活动工作得失进行总结。

六、活动目的

1. 培养学生爱护环境、保护环境的意识。

2. 增强我校学生参与环保的意识。

3. 保护我们学校以及周边的的环境。

4. 增强全校师生的环保意识。

七、活动中应注意的细节和问题

1. 参与人员要能够吃苦耐劳，不怕脏、不怕累。

2. 注意交通安全，上下车要有秩序。

3. 严格服从负责人的安排，不得单独行动。

八、活动经费预算（略）

九、活动意义

通过本次活动提高我校学生的环保意识，把环境保护的理念贯彻到我们日常生活中来，提高本校学生的综合素质。真正检验我们对环境的贡献不是言辞，而是行动。虽然我们现在做得只不过是一些微小的事，但是要坚信：只要我们人人都有保护环境的责任心，从自己做起，从小事做起，共同保护我们的家园，大自然会给人类应有的回报。

策划范例 3：

××志愿者组织环保宣传活动策划方案

一、活动背景

生活环境优美、生态环境良好，是一个地方经济建设的硬件，也是当地精神文明建设的价值体现。

为贯彻落实××向青年学生发出的"向实践学习、向人民群众学习"的号召，充分发挥社会实践作为加强和改进大学生思想政治教育重要途径的优势，引导我们广大青年学生以纪念××庆典活动为契机，为我国的低碳环保作出积极贡献。我们团队打算用××天时间以"××"的方式宣传环保，并且充分利用当地媒体和校园媒体，在活动的准备、实施、总结等阶段进行积极宣传推广，激起广大民众环保低碳的意识。

二、活动主题："人人参与创卫事业，共建美好环保家园"

三、活动对象：在校学生、人民群众

四、活动时间：×月××日至×月××日

五、活动地点（初定）：××

六、活动形式：以环保宣传、整治环境卫生、爱树等形式开展活动。

七、活动内容

1. 清理白色污染：在活动当天安排好打扫的街道（组织人员打扫街道）。

2. 通过多种方式来赠送环保袋（例如：答题、集名、捐书等）。

3. 环保宣传：通过团委的协调，来确定地点，联系周边的商家，问他们借用活动所需的桌椅、帐篷、宣传横幅、挂标志牌等。

八、活动安排

（一）前期准备

尽量让身边更多的人参加到团队的宣传中来。同时与相关媒体沟通联系，扩大宣传。及时预约相关媒体，同时和赞助商家沟通联系，以得到更多的赞助经费，使活动开展得更加顺利流畅。安排人负责相关路途中可能遇到的问题，及时修正应急预案。同时撰写可能用到的宣传稿件。还应该进行信息采集，同时负责沿途的文艺表演和主题宣传。

（二）日程安排（略）

（三）后期宣传

20××年×月××日—20××年×月××日，通过路途的经历，写成感悟，积极向各级报刊投稿，争取发表最少五篇文章，扩大宣传"低碳、环保"的力度。

20××年×月××日—20××年×月××日，以××为大本营，联系××党委宣传部、××政府节能办公室举办两期较大型的主题宣传活动。

九、注意事项

1. 积极宣传相关活动，联系当地团委和电视台，扩大宣传力度。

2. 加强交通安全、意外事故的预防知识。

3. 建立自己的博客平台，宣传"低碳、环保"的主题和自我团队的宣传，同时发动身边的同学和朋友，积极通过博客、人人网等媒介扩大宣传力度。

十、经费预算（略）

十一、活动意义

当前，世界经济飞速发展，人类面对的最严峻的问题就是环境的急速恶化，保护环境的意识亟需在全民中树立并且强化起来。

公益慈善活动策划

慈善事业所依托的都是人们崇尚奉献、追求友善的本性，每一项创意都十分具有操作性和娱乐性，既能帮助社会弱势群体，又具有市场商业效益，也不乏娱乐性，这样才能让慈善成为人们的习惯，不求回报，无私奉献。

慈善活动指的是为帮助改善社会上的弱势社群的困难生活而发起的团体活动，例如金钱捐助、物资捐助、慈善表演等。

策划要点：

最近几年来，国内对企业社会责任高度关注，企业做公益慈善活动已经上升到了前所未有的高度。企业做公益慈善活动，可以帮助企业提高知名度，改善政府关系、公众关系，开拓市场，建立企业文化，凝聚员工等。企业做慈善公益活动需要把握以下几点：

1. 战略职能鲜明化。对目前中国绝大多说的企业来说，要做公益，首要目标就是为了品牌建设，"主观上为自己，客观上为别人"。

2. 系统化。不单单是企业一家做基金会，还要带动合作伙伴、员工、渠道商、供应商一起做慈善，做成公益产业链，这样更有意义，非公募基金才能越做越大。

3. 主题化。公益和慈善的范畴非常广泛，企业要有旗帜鲜明的主题，明确基金会到底应该做什么、不做什么。

4. 透明化。如何保持透明化，打消社会顾虑和质疑，对于非公募基金会也一样是至关重要的，这一点甚至会影响企业自身品牌的诚信度。

5. 持续化。做公益营销，最忌讳虎头蛇尾，或者频繁换主题，一定要保持持续性，国内外的成功经验显示，一个主题至少可以做五年以上，就算是阶段性活动也没有低于两年的。

6. 传播化做公益，一定不要忌讳传播，就算是作秀，也要带动大家都秀起来，这样中国的公益慈善氛围就会前进一大步。如果还能为品牌和销售服务，何乐而不为呢？

策划范例 1：

××公益慈善晚会策划方案

一、活动宗旨

××慈善公益晚会是由××市政府和××有限责任公司联合主办的大型文艺晚会。晚会将在20××年×月××日在××市举办，旨在通过文艺演出，宣传慈善事业，发动个人、企业为社会上急需帮助的弱势群体奉献爱心。

二、活动定位

本次晚会将以义演的方式进行，所有的演员和工作人员都不拿任何报酬，除晚会必须的成本支出外，通过晚会募集到的所有资金全部用于慈善项目。

三、活动形式

晚会将由××市政府各学校各文艺单位共同参与，以演员与观众现场互动为特色，以主持词"有爱就有希望"为串联，以一些经典曲目为主旋律，以独唱、合唱、重唱、器乐演奏、舞蹈等为表演形式，力求以各具特色的文艺样式体现晚会传递温暖、弘扬爱心的主题。预计现场将会有一千名以上的观众，气氛将会十分热烈。

四、晚会主持

（一）人员的选择

1. 主持人应富有激情和号召力，能现场设置兴奋点。更为重要的是，他（或她）除了要最大限度地理解执行编导的意图，还要尊重演员、心怀观众，可以在节目间挖掘在场人丰富多彩的内心世界，表现出强烈的人文关怀精神。对于观众的情绪，能迅速做出判断，还要适时加以引导和总结，以保证节目的顺利进行。

2. 一场晚会的成败，在很大程度上取决于观众的认同度。因此，主持人应当有相应的年龄与阅历，外在形象要成熟、老练，能充分表达出思想的深沉与相应的哲理，这将有利其接受晚会的创意以及理解主持词所蕴涵的思想，从而可以在现场调动演员的情绪与激起演员与观众之间的互动，必要时还可以根据主持词临场发挥。

3. 根据以上要求，这位主持人应当主持过大型的文艺晚会，能为观众所熟悉，最好来自专业的文艺团体，或是电视台的专业主持人。

（二）活动具体要求

1. 在主持的过程中，主持人因根据节目的转换与现场的情绪，引导演员与观众，共同体味、感受、发现特困孩子的求学精神，让观众在引起共鸣的同时，心里产生强烈要为助学工程出一份力的想法。

2. 晚会将撰写成文的主持词，供主持人借此主持和现场发挥。主持词应当具有足以支持台上台下互动的内容。

五、晚会演员

1. 邀请各中小学及民间艺术团体提供部分节目。

2. 邀请困难学生代表及其他演员表演节目，使参与的面更广。

3. 邀请专职文艺工作者参加慈善晚会，这样可以在宣传时更加吸引普通市民来参加。

六、晚会节目

1. 安排一些领导讲话，以表示晚会的正式和活动的可靠，另外他们的讲话可以比较有鼓动性。

2. 安排几首以感恩、奉献为主题的歌曲演唱，使晚会的节目比较有质量，在适当时烘托晚会气氛。

3. 邀请特困学生代表进行演讲，使大家能在珍惜自己现在小康生活的同时能与特困学生互帮互助。

4. 晚会中穿插一些谈话，比如一些一直热衷于慈善事业的企业家的工作感言。

5. 把特困学生生活、学习中的某些点滴以投影、解说等形式重现给观众，使得他们更好地知道特困学生的情况，唤起他们对助学工程的热情。

七、晚会互动

在晚会开始前几周宣传时可以与移动联通等公司联系，如果技术上能实行，可进行手机短信捐款，如发送一条短信的钱全募集到助学工程资金处。在晚会进行时，主持人可以提醒大家继续通过手机短信捐款方式，抽选几名观众